M | **m**

AF214933

1

2

3

Zu den Fibelseiten 4 und 5:

1. Heraushören des Lautes /m/, Ankreuzen, wenn dieser im Wort enthalten ist
   Heraushören des Lautes /m/ im Anlaut, Inlaut und Auslaut, Ankreuzen
2. Einkreisen der Buchstaben M, m
3. Eintragen der Silbenbögen

1

| ☒ | | ☐ | | ☐ | | ☐ | | ☐ |

| | ☒ | | | | | | | | | | |

2

3

    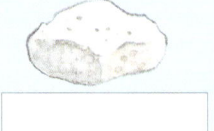

2   Zu den Fibelseiten 6 und 7:
1. Heraushören des Lautes /i/, Ankreuzen, wenn dieser im Wort enthalten ist
   Heraushören des Lautes /i/ im Anlaut, Inlaut und Auslaut, Ankreuzen
2. Einkreisen der Buchstaben I, i
3. Eintragen der Silbenbögen

4

Mi	mi
Mi	

Mi	mi
	mi

5

Mimi

M	m

_____

_____

Mimi

i	i

_____

_____

6

Ma
Mi

mi

_____

_____

4. Ergänzen der Silben
5. Ergänzen der Wörter, Schreiben der Wörter
6. Verbinden der Silben zu Wörtern, Schreiben der Wörter

3

1

(Reihe 1: Arm ⊠, Ampel ☐, Tomate ☐, Hund ☐, Tasse ☐)

(Reihe 2: Nase ☐⊠☐, Apfel ☐☐☐, Hase ☐☐☐, Pizza ☐☐☐, Ananas ☐☐☐)

2

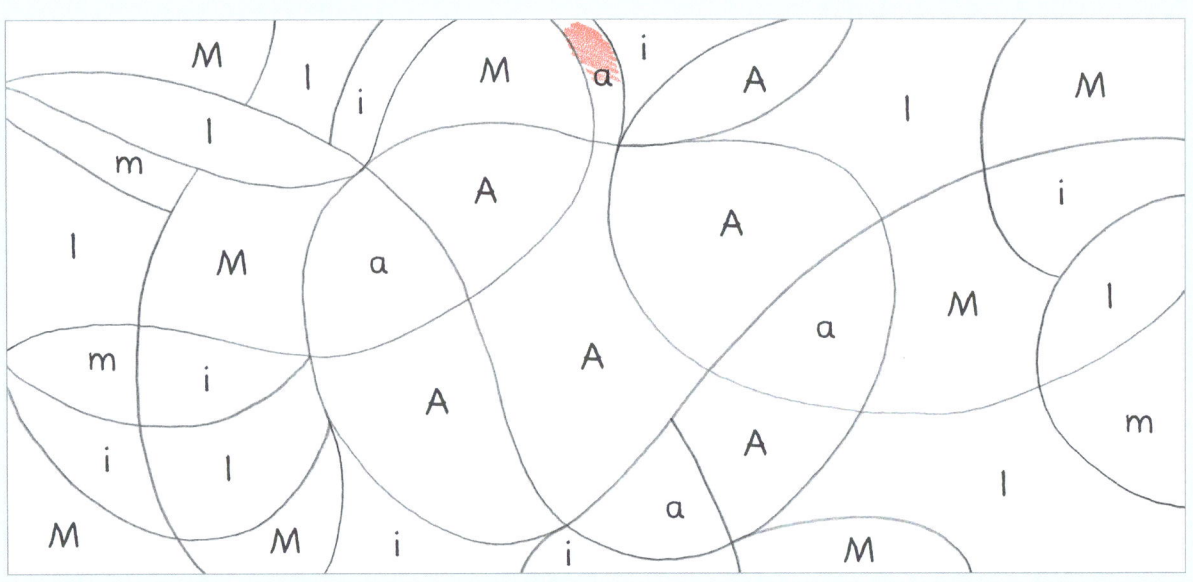

3

Zu den Fibelseiten 8 und 9:
1. Heraushören des Lautes /a/, Ankreuzen, wenn dieser im Wort enthalten ist
   Heraushören des Lautes /a/ im Anlaut, Inlaut und Auslaut, Ankreuzen
2. Ausmalen der Felder mit den Buchstaben A, a
3. Eintragen der Silbenbögen

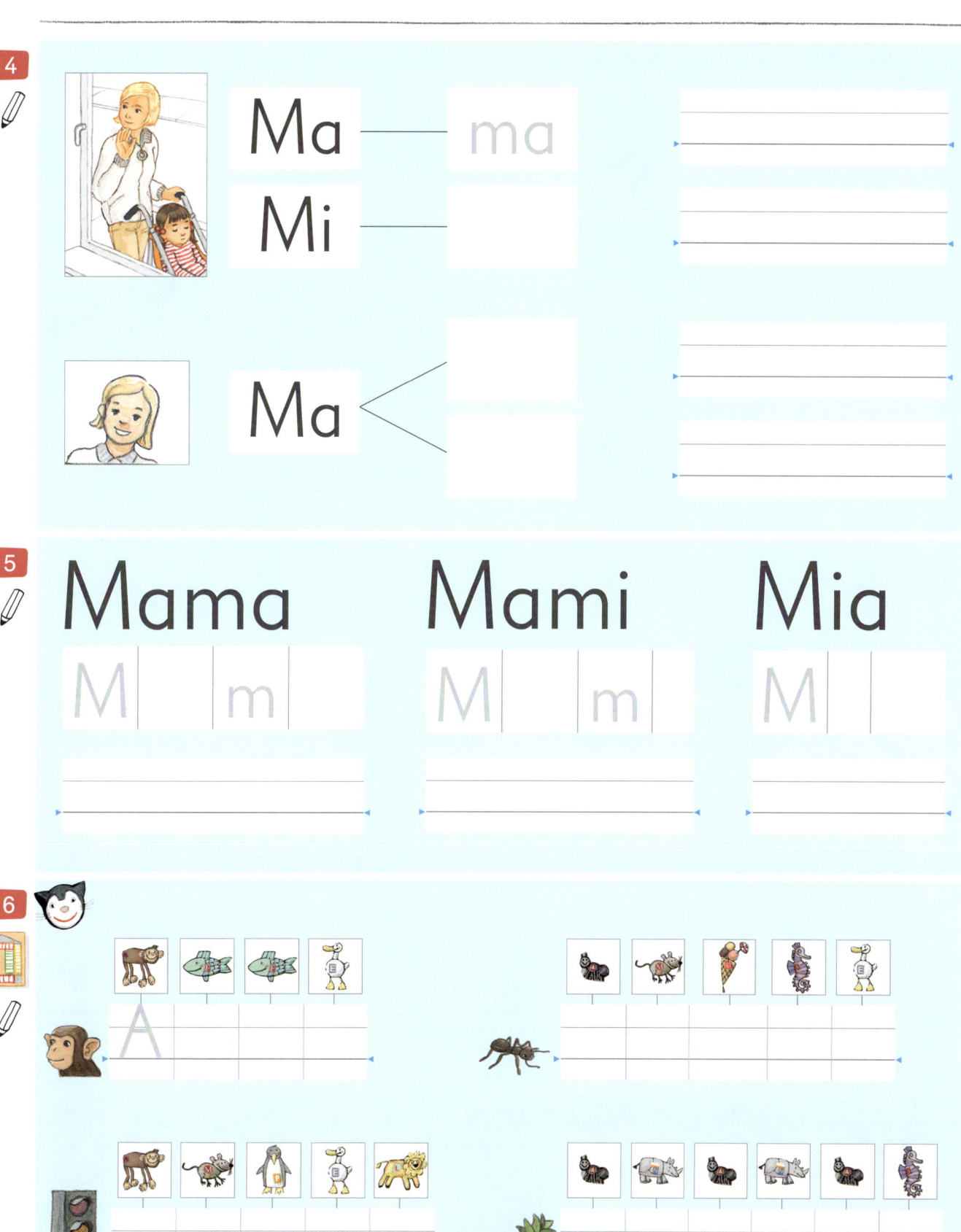

4

Ma — ma

Mi —

Ma

5

Mama

M m

Mami

M m

Mia

M

6

A

4. Ergänzen der Silben, Schreiben der Wörter
5. Ergänzen der fehlenden Buchstaben, Schreiben der Wörter
6. Schreiben der Wörter mit der Lauttabelle

5

ist

1

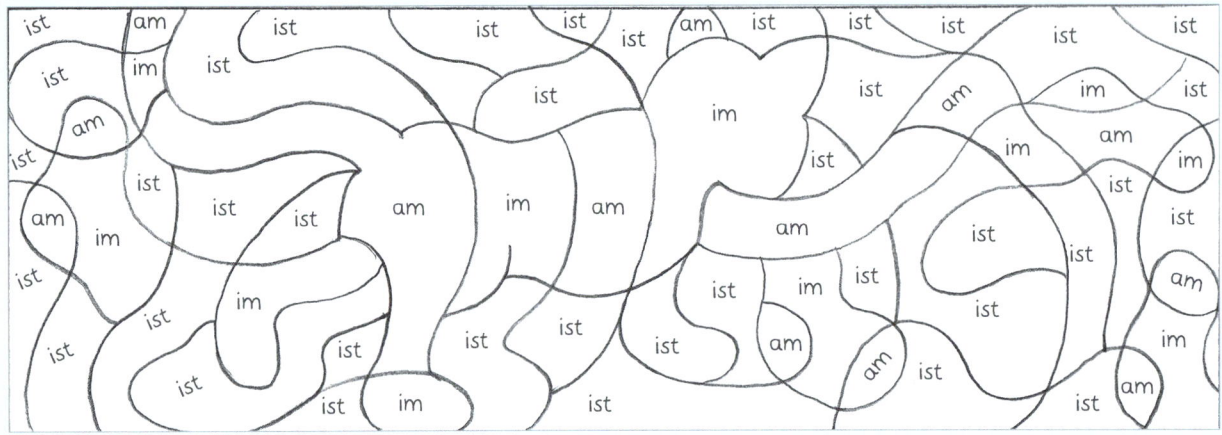

2

Mama ist im  . ☐ ☐

Mimi ist am  . ☐ ☐

Mia ist im  . ☐ ☐

3

Mimi ist _im_  .

Mama ist _____  .

Mia ist _____  .

Zu den Fibelseiten 10 und 11:
1. Ausmalen der Felder mit den kleinen Wörter *ist, im, am*
2. Ankreuzen der Sätze mit *richtig* oder *falsch*
3. Ergänzen der Sätze

Mia ist im    .

Mia ist im    .

Am    ist Mimi .

          ist   .

Mama ist am    .

          ist   .

Mimi ist im   .

          ist   .

4. Nachspuren der Sätze, Abschreiben der Sätze in der Zeile darunter

5. Schreiben mit der Lauttabelle, Abschreiben des Satzes

1

☐ ☐ ☐ ☐ ☐

☐☐ ☐☐☐ ☐☐☐☐ ☐☐☐ ☐☐☐

2

3

Zu den Fibelseiten 12 und 13:
1. Heraushören des Lautes /p/, Ankreuzen, wenn dieser im Wort enthalten ist
   Heraushören des Lautes /p/ im Anlaut, Inlaut oder Auslaut, Ankreuzen
2. Einkreisen der Buchstaben P, p
3. Eintragen der Silbenbögen

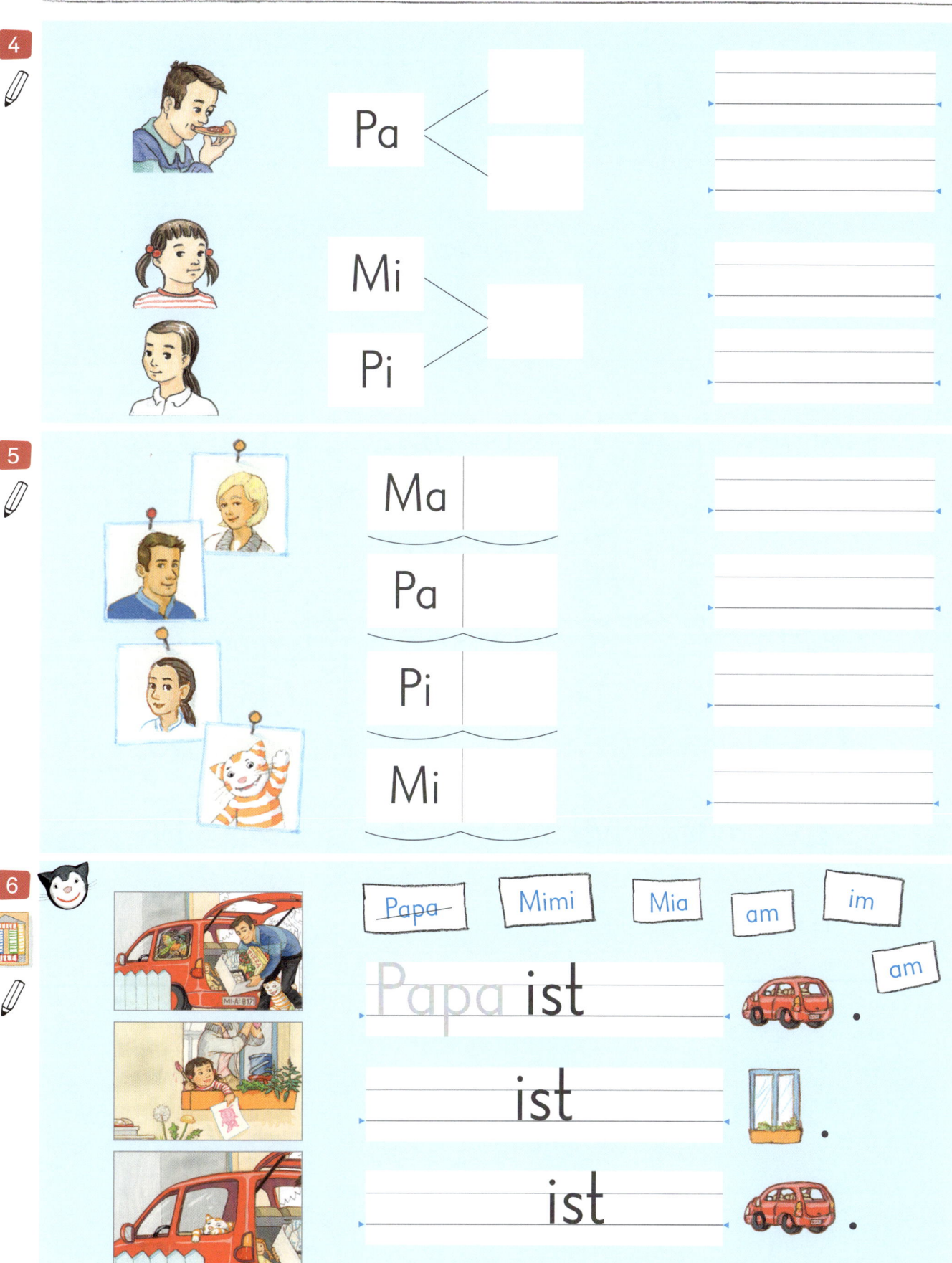

4

Pa

Mi

Pi

5

Ma

Pa

Pi

Mi

6

Papa   Mimi   Mia   am   im

am

Papa ist _____ .

_____ ist _____ .

_____ ist _____ .

4. Ergänzen der Silben, Schreiben der Wörter
5. Ergänzen der Silben, Schreiben der Wörter
6. Ergänzen der Sätze

9

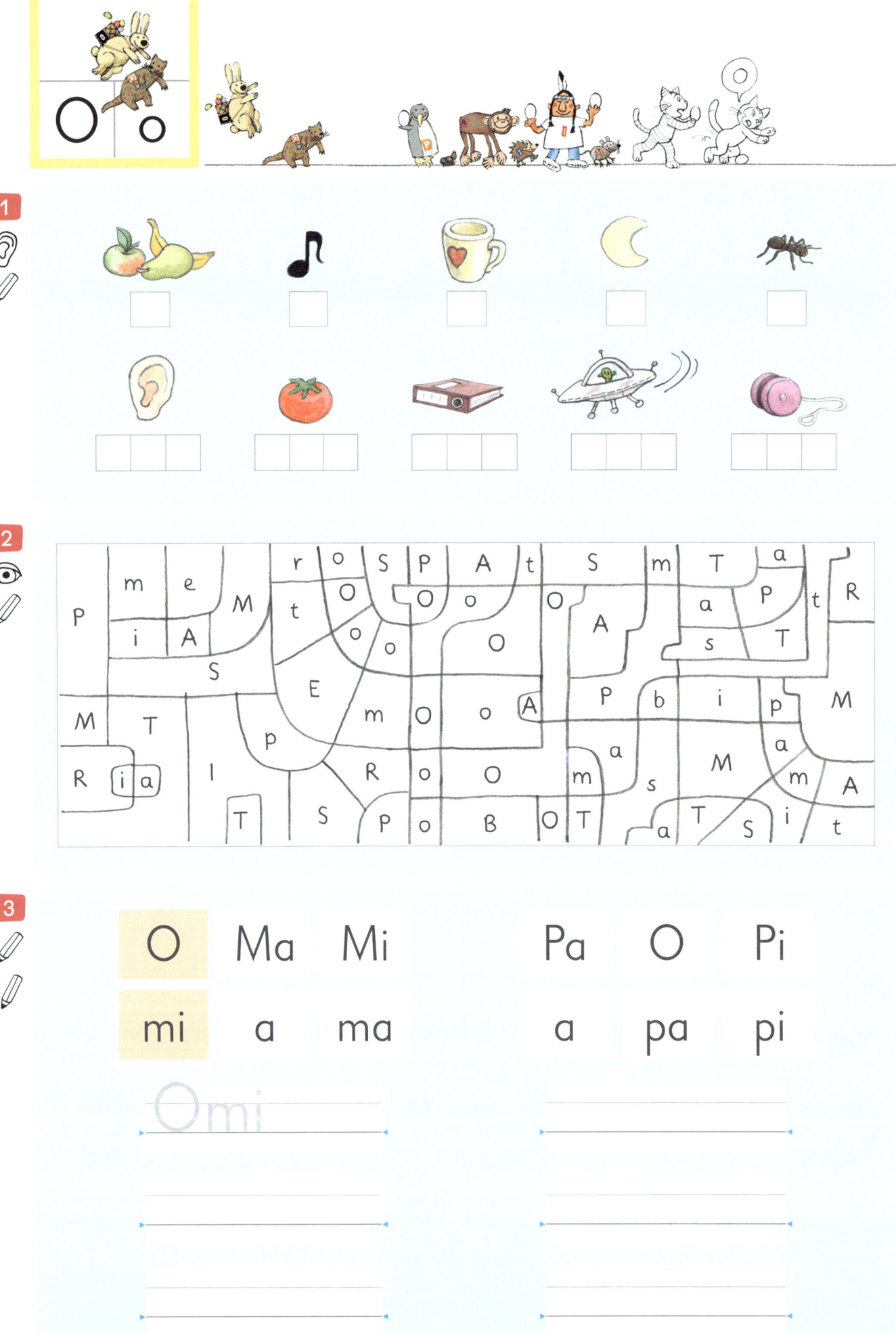

O o

1

2

3

O Ma Mi   Pa O Pi

mi a ma   a pa pi

Omi

Zu den Fibelseiten 14 und 15:
1. Heraushören des Lautes /o/, Ankreuzen, wenn dieser im Wort enthalten ist
   Heraushören des Lautes /o/ im Anlaut, Inlaut oder Auslaut, Ankreuzen
2. Ausmalen der Felder mit den Buchstaben O, o
3. Bilden von Namen aus Silben, Ausmalen der Silbenpaare in der gleichen Farbe, Schreiben der Namen

4

Mia

O

Oma

M

Mimi

O

5

Omi ist am 🛒 . ☐ ☐

Opi ist im 🛒 . ☐ ☐

Am 🧃 ist Opa. ☐ ☐

Ist Oma am 🥬 ? ☐ ☐

6

4. Schreiben der Wörter
5. Ankreuzen der richtigen Sätze
6. Schreiben der Wörter mit der Lauttabelle

ruft

ist – ruft – im – am

2

Papi

Mia ruft: *Papi* .

Mama

Papa ruft: _____ .

Oma

Oma ruft: _____ .

Mimi

Opi ruft: _____ .

Opa

Mama ruft: _____ .

Mimi ruft: _____ .

Zu den Fibelseiten 16 und 17:
1. Erkennen der „kleinen" Wörter, Ausmalen der Felder entsprechend den Farbvorgaben
2. Ergänzen der Sätze

3

Mama · im · Mia · Papa · im · im

Mimi ist im _____ .

Mimi ruft: _____ .

Mia ist _____ .

Mia ruft: _____ .

Papa ist _____ .

Papa ruft: _____ .

4

Mama _____

_____

_____

_____

3. Ergänzen der Sätze
4. Freies Schreiben zu den Bildern mit der Lauttabelle

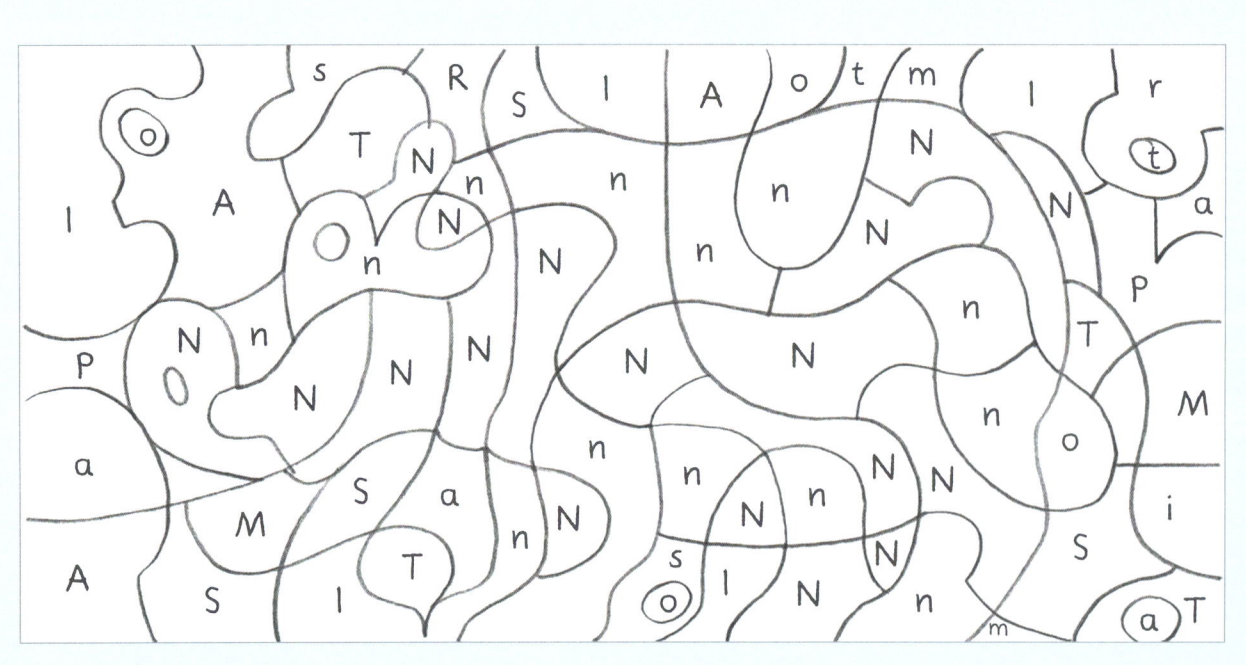

N n

1

2

M – N ?

9

0

3

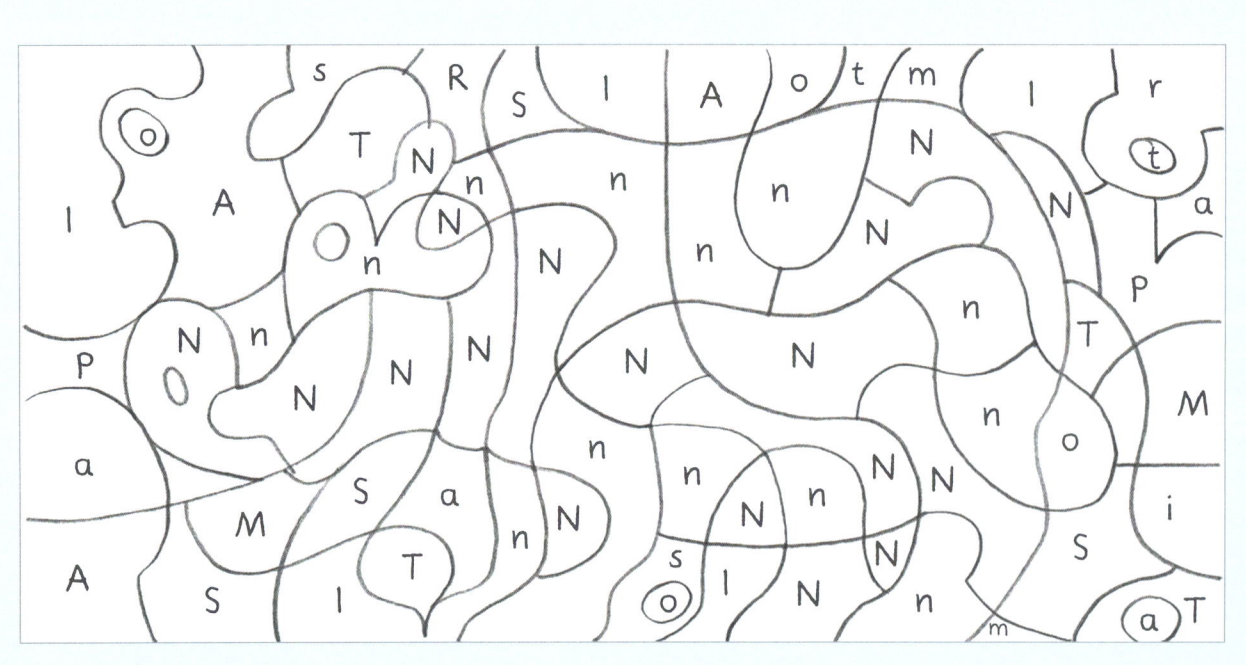

Zu den Fibelseiten 18 und 19:

1. Heraushören des Lautes /n/, Ankreuzen, wenn dieser im Wort enthalten ist
   Heraushören des Lautes /n/ im Anlaut, Inlaut oder Auslaut, Ankreuzen
2. Heraushören ähnlicher Anlaute, Verbinden der Bilder mit dem richtigen Buchstaben
3. Ausmalen der Felder mit den Buchstaben N, n

4

Pa Ma I A Mi Ni
na a mon pa na ma

Papa

5

_____ ist _____ .
_____ ist _____ 2 .
_____ ist _____ 1 .

6

4. Bilden von Namen aus Silben, Ausmalen der Silbenpaare in der gleichen Farbe, Schreiben der Namen
5. Schreiben der Namen, Ergänzen der Sätze mit den Wörtern *im* und *am*
6. Schreiben mit der Lauttabelle, Verbinden der Wörter mit den passenden Bildern

1

und – sind

2

Mo ist am  .   ☐ ☐

Oma und Ina sind am  .   ☐ ☐

Mia und Mimi sind im  .   ☐ ☐

Amon und Nina sind im  .   ☐ ☐

3

und – ist – sind

Sind Oma und Mia am  ?

_____ und _____ sind im  .

Sind Amon und Mo am 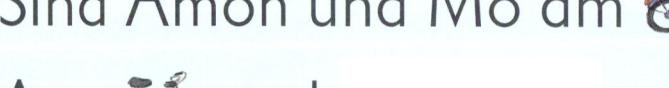 ?

Am  sind _____ und _____ .

Ist Mimi im  ?

_____ ist im .

16   Zu den Fibelseiten 20 und 21 sowie 22 und 23:
1. Einkreisen der Ganzwörter *und*, *sind*
2. Ankreuzen der richtigen Sätze
3. Ergänzen der Antwortsätze

4

Nina und Amon sind am  .

und sind  .

Am  sind Mia und Ina .

sind und .

O, Mia ist im  .

ist .

5

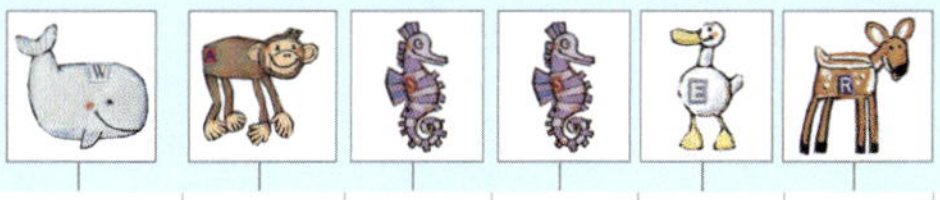

Im sind .

4. Nachspuren der Sätze, Abschreiben der Sätze in der Zeile darunter
5. Schreiben des Satzes mit der Lauttabelle

und – sind – ist – am – im – ruft

o	u	n	d	p	i	s	t	n
s	i	n	d	i	r	u	f	t
i	s	t	u	a	m	p	i	m
i	u	n	d	o	s	i	n	d

Zu den Fibelseiten 24 und 25:
1. Ausmalen der Felder mit den „kleinen" Wörtern
2. Eintragen der Silbenbögen
3. Schreiben der Wörter

4

_____ und _____

_____ und _____

_____ und _____

5

Ist Papa am 🚗 ?

Papa ist _____ 🚗 .

Ist Mimi im 🌳 ?

_____ ist _____ 🌳 .

Sind Ina und Nina am 🪑 ?

_____ und _____ sind _____ 🪑 .

6

Mia ist am _____ .

Amon und Ina sind im _____ .

4. Ergänzen der Wortgruppen, Verbinden der Wortgruppen mit den Bildern
5. Beantworten der Fragen
6. Ergänzen der Sätze mit der Lauttabelle

19

T | t

1

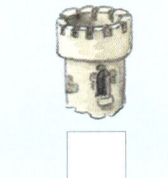 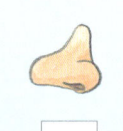 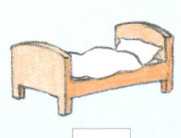  

☐	☐	☐	☐	☐

2

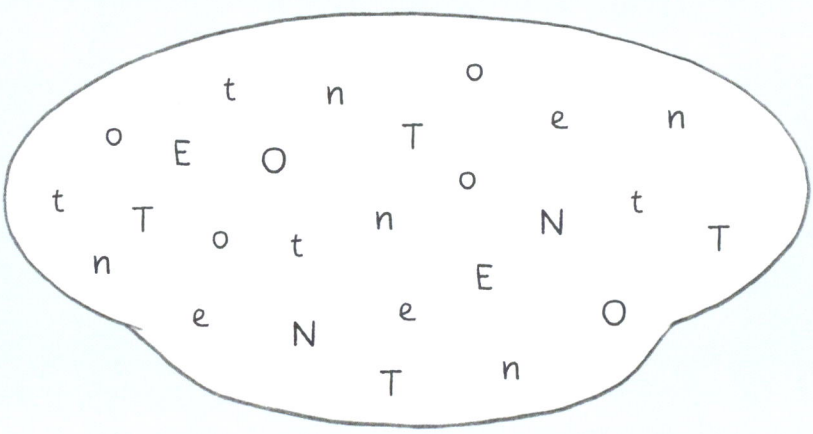

3

	To		To		To
	Ti		Ti		Ti
	Ta		Ta		Ta

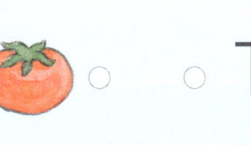

	To		To		To
	Ti		Ti		Ti
	Ta		Ta		Ta

---

20 Zu den Fibelseiten 26 und 27:
  1. Heraushören des Lautes /t/, Ankreuzen, wenn dieser im Wort enthalten ist
     Heraushören des Lautes /t/ im Anlaut, Inlaut oder Auslaut, Ankreuzen
  2. Einkreisen der Buchstaben T, t
  3. Verbinden der Bilder mit den entsprechenden Anfangssilben

4

Ti
Ni

mi

5

Ist Ina mit Tim am ⚽?

Ina ist _____ ⚽.

Ist Mo mit Mimi am ▱?

_____ ist _____ .

Na, na, Ina! Tim!

Opa ruft: _____ !

6

7+1=

4. Ergänzen der Silben, Schreiben der Wörter
5. Beantworten der Fragen
6. Schreiben der Wörter mit der Lauttabelle

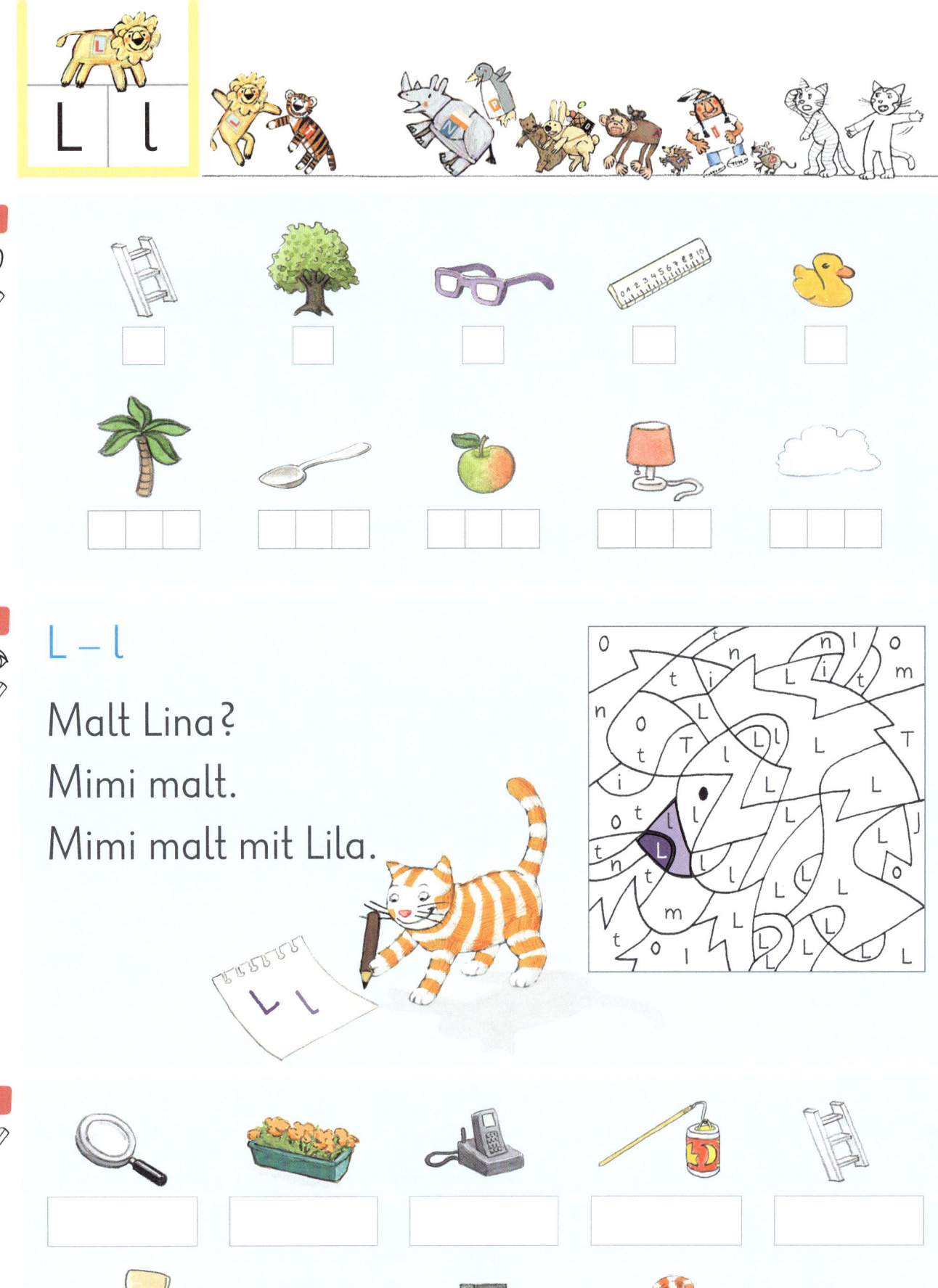

1

2

L – l

Malt Lina?

Mimi malt.

Mimi malt mit Lila.

3

Zu den Fibelseiten 28 und 29:
1. Heraushören des Lautes /l/, Ankreuzen, wenn dieser im Wort enthalten ist
   Heraushören des Lautes /l/ im Anlaut, Inlaut oder Auslaut, Ankreuzen
2. Ausmalen der Felder mit den Buchstaben L, l
3. Eintragen der Silbenbögen

4

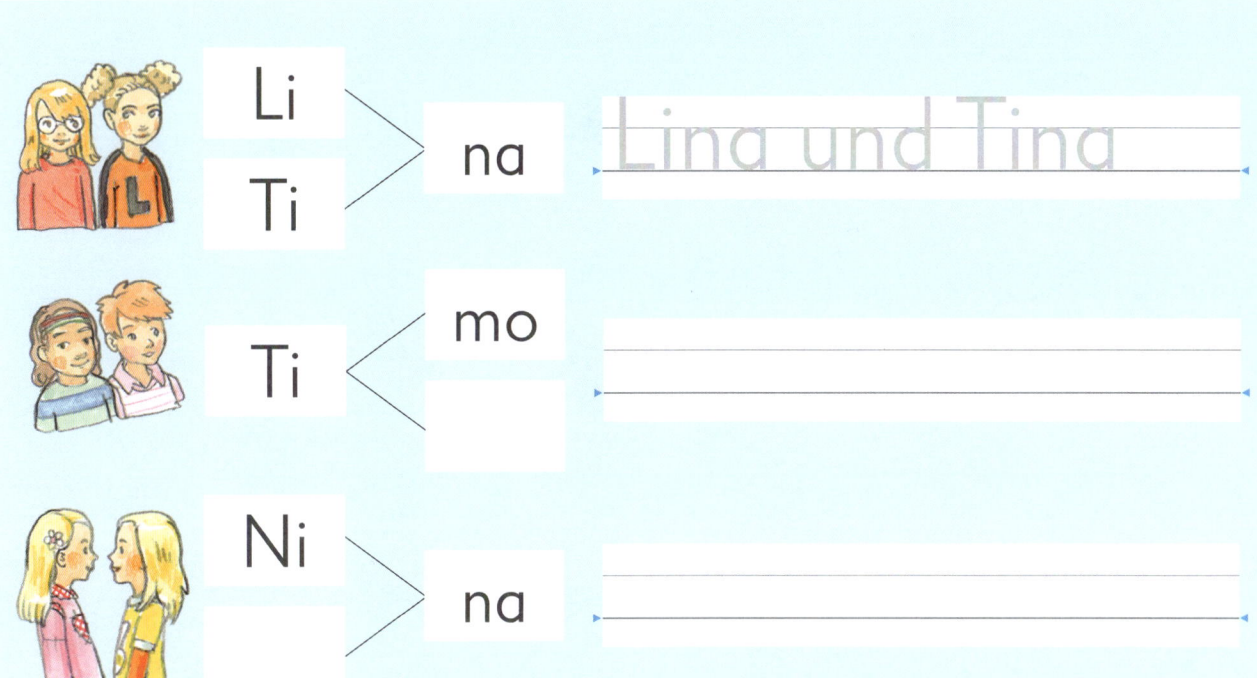

Li
Ti → na   Lina und Tina

Ti → mo

Ni
→ na

5

Lina

Lina malt

Lina malt mit

Lina malt mit Tilo

Lina malt mit Tilo lila

Lina malt mit Tilo lila 👓.

6

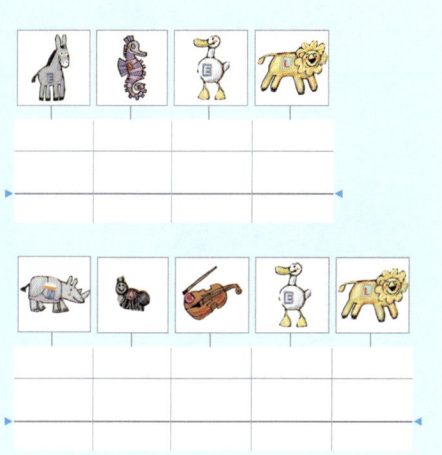

4. Ergänzen der Silben, Schreiben der Wortgruppen
5. Vervollständigen der Illustration dem Text entsprechend
6. Schreiben der Wörter mit der Lauttabelle

23

1

2

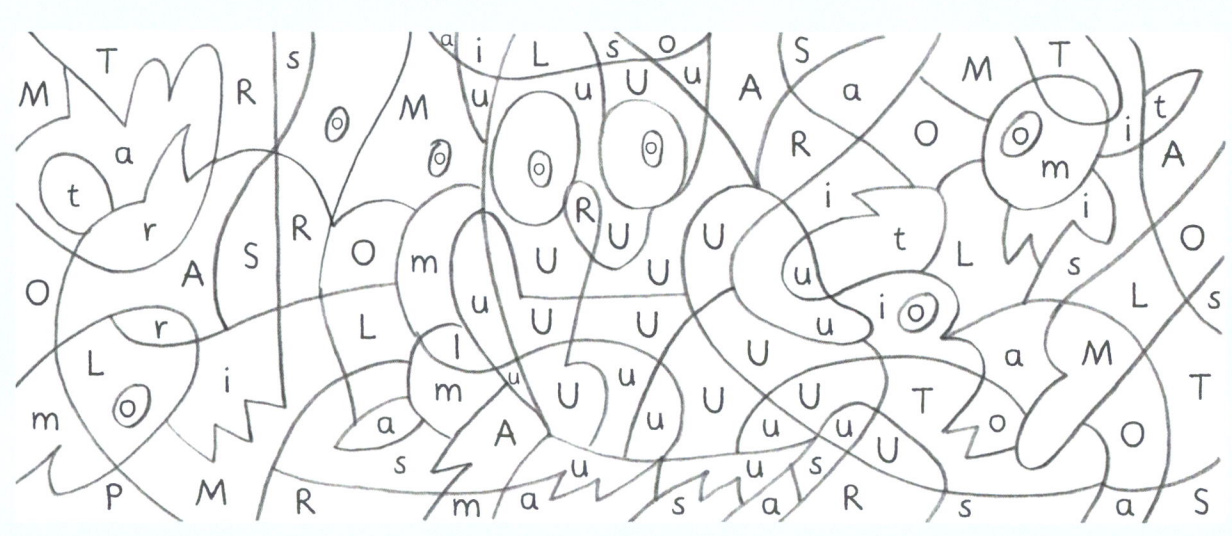

3

U	La	Li	Mi	Mu	Pu
ma	li	mi	na	ma	li

Zu den Fibelseiten 30 und 31:

1. Heraushören des Lautes /u/, Ankreuzen, wenn dieser im Wort enthalten ist
   Heraushören des Lautes /u/ im Anlaut, Inlaut oder Auslaut, Ankreuzen
2. Ausmalen der Felder mit den Buchstaben U, u
3. Bilden von Namen aus Silben, Ausmalen der Silbenpaare in der gleichen Farbe, Schreiben der Wörter

4 Uli mit Muli

5
Uli! Muli!

_____ ist _____ 🏠 .

_____ ruft: _____ !

Ia, ia!

_____ 🌳 ist _____ .

_____ ruft: _____ !

6

E e

1

2

3

En
Tu — te
Tin

Tul
Lu — pe
Lam

Zu den Fibelseiten 32 und 33:
1. Heraushören des Lautes /e/, Ankreuzen, wenn dieser im Wort enthalten ist
   Heraushören des Lautes /e/ im Anlaut, Inlaut oder Auslaut, Ankreuzen
2. Ausmalen der Felder mit den Buchstaben E, e
3. Verbinden der Silben zu Wörtern, Schreiben der Wörter

4

Alle _malen_ .   Nele _malt_ .

Alle _____ Palmen.   Nele _____ Tulpen.

Alle _____ Tomaten.   Nele _____ mit Emil.

5

Nele und Tilo malen.

_____und_____ .

Mimi ist am  .

____ist_____ .

O Mimi! Nele _____ .

_____ .

Alle Tulpen sind _____ .

____sind_____ .

S s

1

2

3

Insel

Salami

Nase

Pinsel

Selina

Salat

Amsel

Esel

Zu den Fibelseiten 34 und 35:
1. Heraushören des Lautes /s/, Ankreuzen, wenn dieser im Wort enthalten ist
   Heraushören des Lautes /s/ im Anlaut, Inlaut und Auslaut, Ankreuzen
2. Einkreisen der Buchstaben S, s
3. Eintragen der Silbenbögen

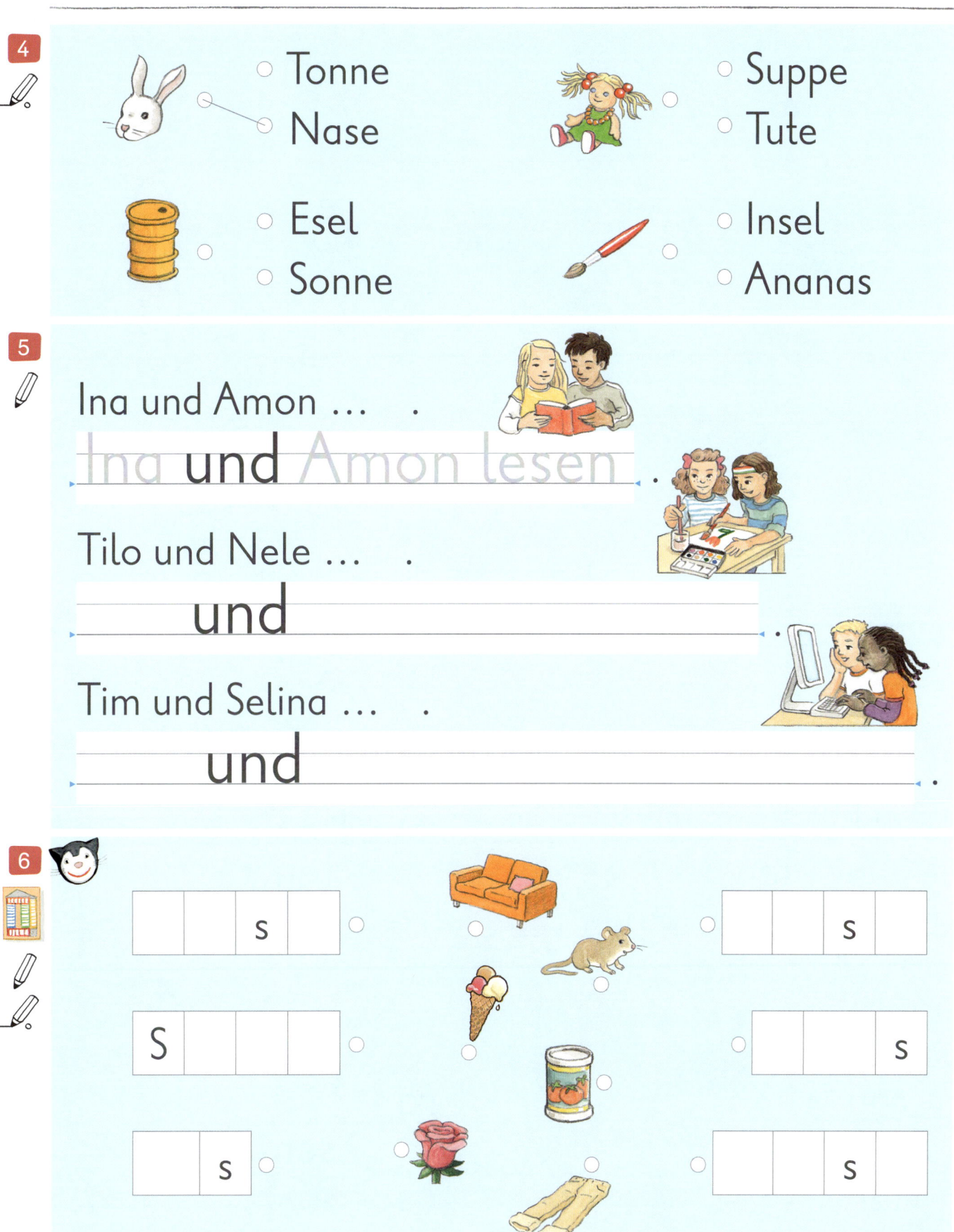

4

- Tonne
- Nase

- Suppe
- Tute

- Esel
- Sonne

- Insel
- Ananas

5

Ina und Amon … .

Ina und Amon lesen .

Tilo und Nele … .

und

Tim und Selina … .

und

6

| | | s |
| | | |

| S | | |

| | | s |
| | | |

| | | s |

| | s |
| | |

| | | s |
| | |

4. Verbinden der Bilder mit den Reimwörtern
5. Ergänzen der Sätze
6. Ergänzen der Wörter mit der Lauttabelle, Verbinden der Wörter mit den richtigen Bildern

29

R r

1

2

3

rol
tol
len

ra
tre
ten

ren
ler
nen

ra
es
sen

Zu den Fibelseiten 36 und 37:
1. Heraushören des Lautes /r/, Ankreuzen, wenn dieser im Wort enthalten ist
   Heraushören des Lautes /r/ im Anlaut, Inlaut und Auslaut, Ankreuzen
2. Einkreisen der Buchstaben R, r
3. Verbinden der Silben zu Wörtern, Schreiben der Wörter

4

Alle rollen.

Romi _____ .

Alle rennen.

Tilo _____ .

Alle lernen.

Nina _____ .

Alle turnen.

Amon _____ .

5

Romi

Romi rollt

Romi rollt mit

Romi rollt mit Tim

Romi rollt mit Tim rote Murmeln.

Romi rollt mit Tim rote Murmeln in Tor 1.

6

4. Lesen der Sätze, Ergänzen der Personalformen
5. Lesen der Pyramiden-Sätze, Ergänzen des Bildes
6. Ergänzen der Wörter mit der Lauttabelle, Verbinden der Wörter mit den richtigen Bildern

31

Ei | ei

1

2

3

rei —— ten

rei —— sen

rei —— men

Zu den Fibelseiten 38 und 39:
1. Heraushören des Lautes /ei/, Ankreuzen, wenn dieser im Wort enthalten ist
   Heraushören des Lautes /ei/ im Anlaut, Inlaut und Auslaut, Ankreuzen
2. Ausmalen der Felder mit der Buchstabenverbindung Ei, ei
3. Verbinden der Silben zu Verben, Schreiben der Verben

eine Reise

eine M

ein Reiter

eine L

ein Teil

ein S

ein Preis

ein Ei

ein – eine?

ein Ei

Reise

Leiter

Reiter

Ameise

toller Roller

rote Tulpe

roter Eimer

rosa Eis

lila Seil

Mimi ruft: Mo! Nein!

4. Schreiben der Reimwörter
5. Einsetzen der unbestimmten Artikel *ein, eine,* Nachspuren der Wörter
6. Erzählen und Schreiben zum Bild mit der Lauttabelle

33

H h

1

2

3

Himmel   Hut   Hose

Nashorn   Hase   Hamster

Zu den Fibelseiten 40 und 41:
1. Heraushören des Lautes /h/, Ankreuzen, wenn dieser im Wort enthalten ist
   Heraushören des Lautes /h/ im Anlaut, Inlaut oder Auslaut, Ankreuzen
2. Ausmalen der Felder mit den Buchstaben H, h
3. Eintragen der Silbenbögen, Schreiben der Wörter

4

Hupe

5

| 2 | holt | 1 | Ina | 3 | ein Seil. |

Ina _____ .

☐ soll   ☐ hopsen.   ☐ Ina

_____ .

☐ Nele.   ☐ Hannes   ☐ mit   ☐ rennt

_____ .

6

Hannes hat eine rote Hose an.

Sein Hut ist lila.

Der Hase ist braun.

Hannes hat eine Tasse mit Tee

in der Hand.

4. Schreiben der Reimwörter
5. Sortieren der Wörter zu Sätzen, Nummerieren, Schreiben der Sätze
6. Ausmalen des Bildes den Sätzen entsprechend

35

D d

1

2

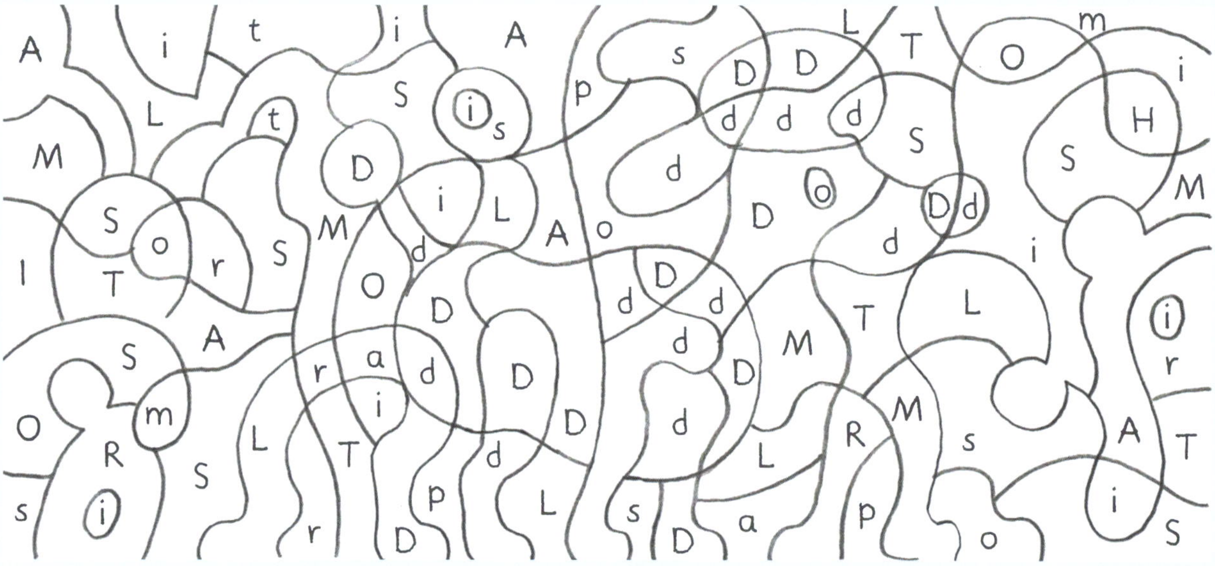

3

Hose

Zu den Fibelseiten 42 und 43:
1. Heraushören des Lautes /d/, Ankreuzen, wenn dieser im Wort enthalten ist
   Heraushören des Lautes /d/ im Anlaut, Inlaut oder Auslaut, Ankreuzen
2. Ausmalen der Felder mit den Buchstaben D, d
3. Schreiben der Wörter zu den Bildern

4 D – T ?

 D ○ ○ D  D  D

 T ○ ○ T  T  T

5 der – das?

der   **das**

der Adler

6

Rate.

In Dose ist es,

eine Dame hat es.

Es ist in Dreirad, in Dino,

in Dana und in Domino.

Es ist das _____ .

Es ist in Hund,

es ist in Mund

und in Runde.

Es ist mitten in

Mama und Papa.

Es ist das _____ .

4. Heraushören ähnlicher Laute, Verbinden der Bilder mit den richtigen Buchstaben
5. Ordnen der Substantive nach den bestimmten Artikeln, Schreiben der Substantive
6. Schreiben der Rätsellösungen

37

W w

1

2

3

Wolle　　Wasser　　Wind　　Wal

Welle　　Wanne　　Welt　　Wald

Zu den Fibelseiten 44 und 45:
1. Heraushören des Lautes /w/, Ankreuzen, wenn dieser im Wort enthalten ist
　Heraushören des Lautes /w/ im Anlaut, Inlaut und Auslaut, Ankreuzen
2. Einkreisen der Buchstaben W, w
3. Eintragen der Silbenbögen, Nachspuren der Wörter

4

_____

_____

_____

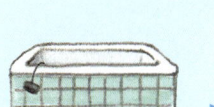

_____

5

Male ein Meer mit Wellen.

Male einen Wal im Meer.

Im Meer ist eine Insel.

Wer wohnt dort?

6

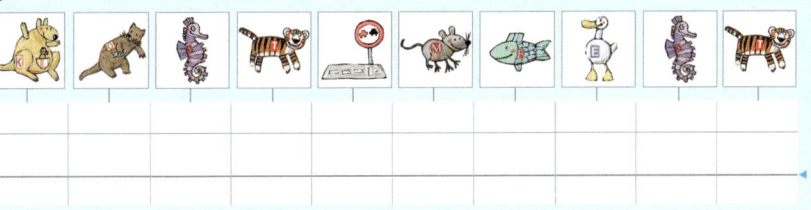

4. Schreiben der Wörter
5. Malen zum Text
6. Freies Schreiben zum Bild mit der Lauttabelle

1

 die H __ s |  der H __ s

 der W __ nd | 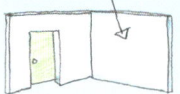 die W __ nd

 der M __ nd | der M __ nd

 die T __ nt |  die T __ nt

 die W __ ll |  die W __ ll

2

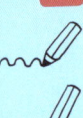

Pin	Pu	Ro	Wan
ne	se	del	sel

Sa	Tel	Am	Mei
pel	se	lat	ler

ein   eine

ein Pinsel

40 Zu den Fibelseiten 46 und 47:
1. Ergänzen der Wörter
2. Bilden von Wörtern aus Silben, Ausmalen der Silbenpaare in der gleichen Farbe,
   Ordnen der Wörter nach unbestimmten Artikeln, Schreiben der Wörter

3

☐ Insel. ☐ Im ☐ Meer ☐ eine ☐ ist

_____

_____ .

☐ Wasser ☐ Im ☐ Wale. ☐ wohnen

_____

_____ .

4

Wer malt um Amon Linien?

_____

_____ .

Wer tippt: Selina ist toll?

_____

_____ .

Was ist alles im Salat?

_____

_____ .

Wer hat das tolle Domino?

_____

_____ .

Wo wohnt Willi, der Wal?

_____

_____ .

3. Sortieren der Wörter zu Sätzen, Nummerieren, Schreiben der Sätze
4. Lesen der Fibelseiten 32–45, Beantworten der Fragen

41

ie

1 der – die – das

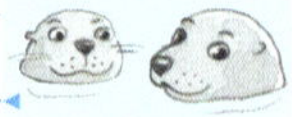

2 ie oder ei

d___ W___se    das L___d    der R___se

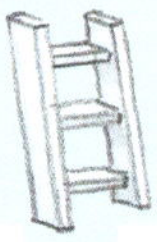

d___ M___se    das S___l    d___ L___ter

3

piepen

wir _____

du _____

er _____

niesen

wir _____

du _____

er _____

dienen

wir _____

du _____

er _____

Zu den Fibelseiten 48 und 49:
1. Ergänzen der Artikel *der- die- das*
2. Einsetzen von *ie* oder *ei*
3. Schreiben der gebeugten Verben

Hier!

4

Ist es ein Wald?   Ist es ein Ei?
Nein, es ist eine Wiese.   Nein, es ist ein _____.

Ist es ein Tier?   Ist es eine Ameise? 
Nein, es ist ein _____.   Nein, es ist eine _____.

5

| Wiese | Lied | Riese | Tier | Reise | Diener |

der	die	das
	Wiese	

6

Wo sind Opa, Amon und Ina?

Opa, Amon und Ina sind im _____.

Was piept denn da?

_____

Was ist mit Mo passiert?

_____

_____

4. Beantworten der Fragen
5. Zuordnen der richtigen Artikel, Schreiben der Wörter in die Tabelle
6. Lesen der Fibelseiten 48 und 49, Beantworten der Fragen mit der Lauttabelle

43

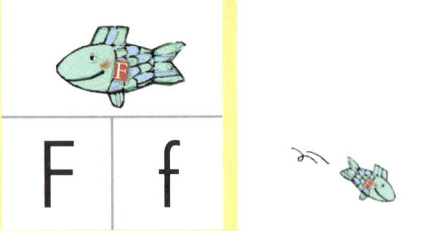

F	f

F – W ?

 ○ ○ F    ○ ○ F    ○ ○ F    ○ ○ F

 ○ ○ W    ○ ○ W    ○ ○ W    ○ ○ W

2

ru _____ fal _____

wer → fen _____ feh → len _____

hel _____ fei _____

3

Af	Fahr	Fe	Fo	Ta	Un
rad	der	fe	fel	fall	to

 der _____    der _____

 die _____   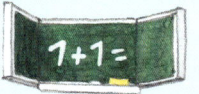 die _____

 das _____    das _____

Zu den Fibelseiten 50 und 51:
1. Heraushören ähnlicher Laute, Verbinden der Bilder mit den richtigen Buchstaben
2. Verbinden der Silben zu Verben, Schreiben der Verben
3. Bilden von Wörtern aus Silben, Ausmalen der Silbenpaare in der gleichen Farbe, Schreiben der Wörter

4

rufen	fehlen	falten
wir _____	wir _____	wir _____
du _____	du _____	du _____
er _____	er _____	er _____

5

Ina und Hannes ○　　○ weint: ○　　○ Mein Arm!

Hannes ○　　○ fahren ○　　○ mit dem Rad.

Ina ○　　○ ruft: ○　　○ Hilfe!

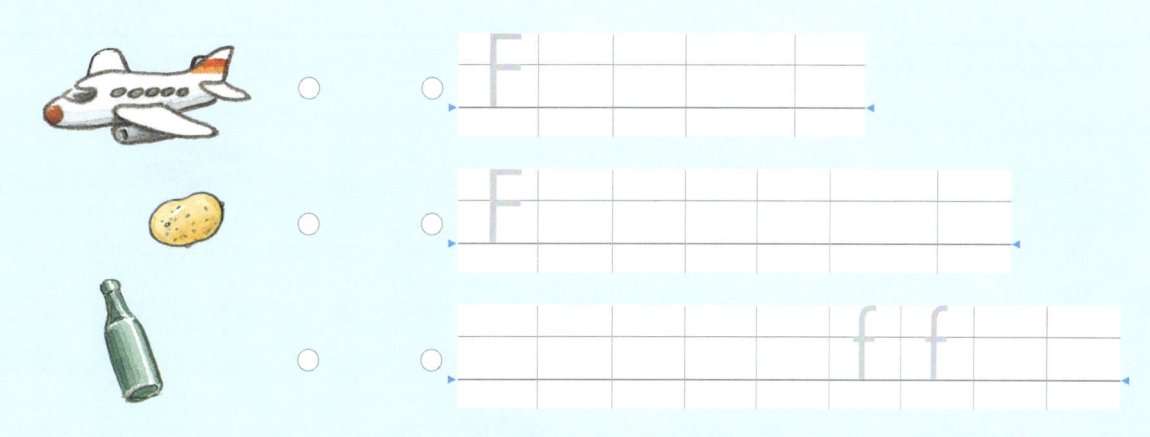

_____

_____

_____

_____

_____

_____

6

F _____

F _____

f f _____

4. Schreiben der gebeugten Verben

5. Verbinden der Satzteile, Schreiben der Sätze

6. Ergänzen der Wörter mit der Lauttabelle, Verbinden der Wörter mit den richtigen Bildern

Au | au

1

aus

saufen — *aussaufen*

laufen

ruhen

auf

passen

fressen

essen

an

fassen

sehen

rufen

2

| Haus | Auspuff | Maulwurf | Raum | Auto |

Haus

Zu den Fibelseiten 52 und 53:
1. Schreiben der Verben mit den Vorsilben *aus-*, *auf-* und *an-*, Verbinden mit den richtigen Bildern
2. Schreiben der Wörter zu den Bildern

3

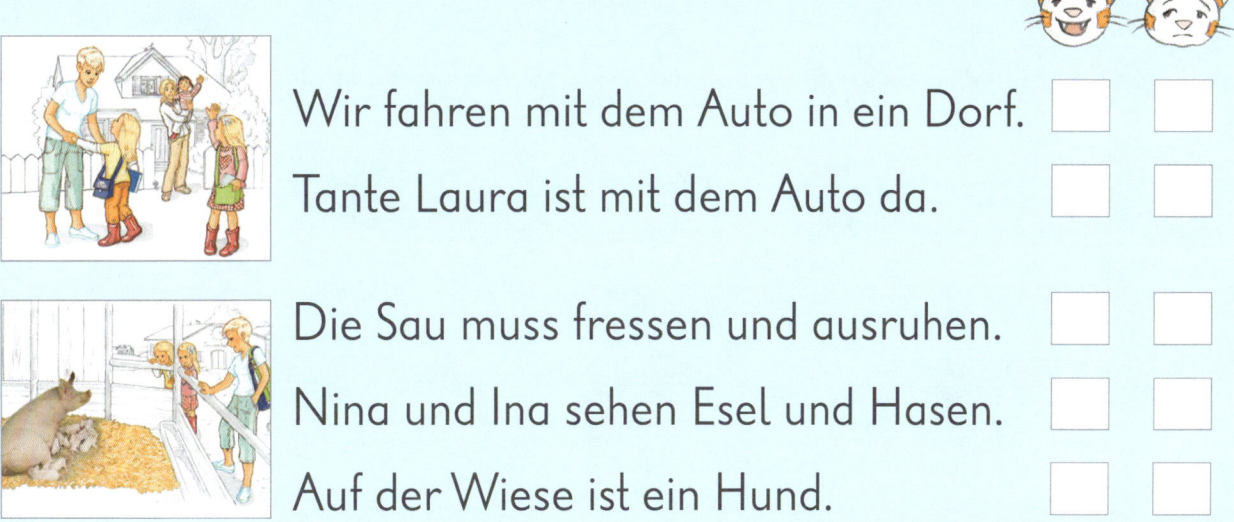

Wir fahren mit dem Auto in ein Dorf. ☐ ☐

Tante Laura ist mit dem Auto da. ☐ ☐

Die Sau muss fressen und ausruhen. ☐ ☐

Nina und Ina sehen Esel und Hasen. ☐ ☐

Auf der Wiese ist ein Hund. ☐ ☐

4

Lies in der Fibel auf Seite 53 nach.
Was sehen Ina und Nina auf dem Sonnenhof?

_____

_____

_____

_____

_____

3. Lesen der Fibelseiten 52 und 53, Ankreuzen der Sätze mit *richtig* oder *falsch*
4. Lesen der Fibelseite 53, Beantworten der Frage mit der Lauttabelle

47

B b

1 B – P ?

B | B | B | B
P | P | P | P

2 Reime.

| leben | toben | der Raum |
| h | t | der B |

3

Blla	ein bunter
Btoo	ein blaues
Baltt	ein braunes
Bsene	ein brauner
Benana	eine reife

Zu den Fibelseiten 54 und 55:
1. Heraushören ähnlicher Laute, Verbinden der Bilder mit den richtigen Buchstaben
2. Schreiben der Reimwörter, Markieren der Wortgrenzen, Schreiben des Satzes
3. Sortieren der Buchstaben zu Wörtern, Schreiben der Wörter

4

5

Ina und Nina sind in der Badewanne.

Ina hat einen blauen Lappen in der Hand.

Mia will mitbaden.

Was will Mia? _____

Was hat Ina in der Hand? _____

6

4. Ergänzen der Wörter
5. Lesen des Textes, Beantworten der Fragen
6. Freies Schreiben zum Bild mit der Lauttabelle

K k

1

 Kosse   Kusse   (Kasse)   Kesse   _Kasse_

Komel   Kamel   Kimel   Kumel

Kinne   Konne   Kunne   Kanne

Kakse   Kukse   Kekse   Kikse

2 Reime.

die Tanne   der Wind   die Tasse

die K_____   das K_____   die K_____

das Kino   die Nuss   die Wette

der D_____   der K_____   die K_____

3

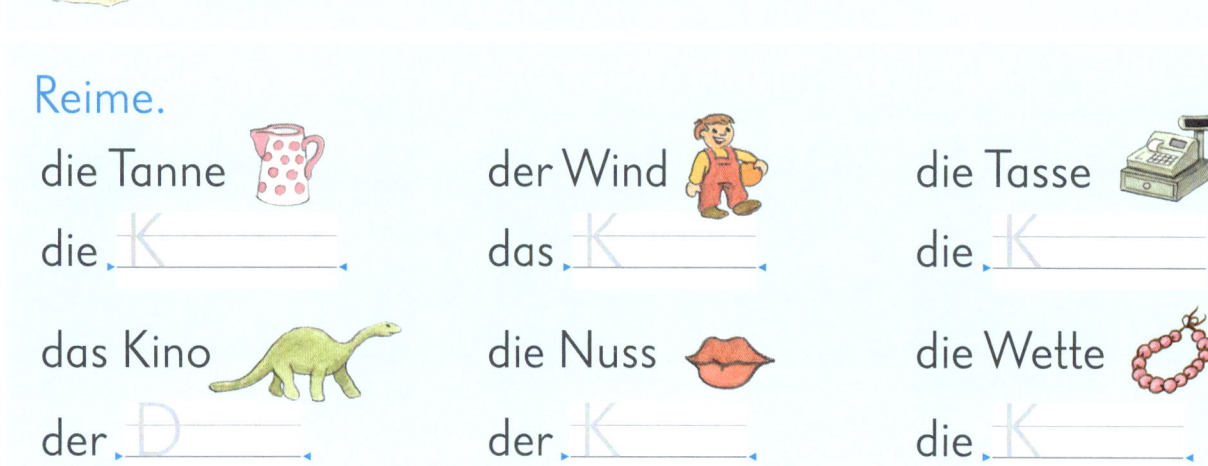

| kau | kom | knei | fen | fen | men |

kaufen _____ _____

ich _____   ich _____   ich _____

er _____   er _____   er _____

wir _____   wir _____   wir _____

Zu den Fibelseiten 56 und 57:
1. Einkreisen der richtigen Wörter, Schreiben der Wörter
2. Ergänzen der Reimpaare
3. Verbinden der Silben zu Verben, Ausmalen der Silbenpaare in der gleichen Farbe,
   Schreiben der gebeugten Verben

4

| K | | | |

| | k |

| K | | k | | | |

| K | | k |

| K | k | |

| K | k | | |

5

Lina hat einen kleinen Kater bekommen.

Sein Name ist: _____

Der Kater hat ein hellblaues Haus.

Die Karos darauf sind rot und blau.

Die Kreise sind lila und rosa.

Da ist ein roter Ball.

6

Lies schnell.

Kleine Kinder knabbern keine kleinen Kekse.
Krumme Kamele kommen mit kleinen Krokodilen ins Kino.

Schreibe selbst einen Satz mit K-Wörtern.

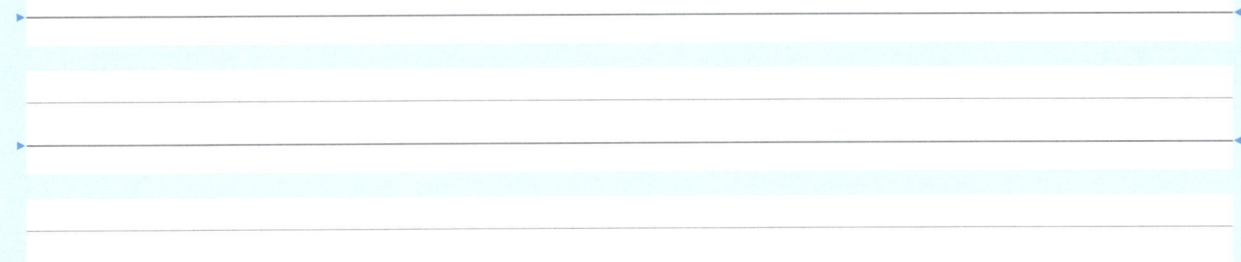

4. Ergänzen der Wörter, Verbinden der Wörter mit den richtigen Bildern
5. Ergänzen des Lückensatzes, Malen zum Text
6. Lesen der Zungenbrecher-Sätze, Schreiben eines eigenen Satzes

51

Ch | ch

1

Ch ch

Ch ch

2  ch wie in ich    ch wie in ach

dichten
riechen
lachen
rechnen
suchen
kochen
tauchen
kriechen

3

lieb   frech

arm

tief

unsicher

hart

Zu den Fibelseiten 58 und 59:
1. Heraushören des *ich-* und *ach-*Lauts, Bilder mit den richtigen Lauten verbinden
2. Geordnetes Abschreiben der Wörter nach *ich-* und *ach-*Laut
3. Schreiben der Gegensatzpaare

 4 Reime.

Wir wollen alle lachen
und tolle Sachen m_____ .

Tilo ist ein Koch,
seine Hose hat ein L_____ .

Amon kann tief tauchen,
Mimi kann laut f_____ .

1 Was ist weich und leicht, federleicht?

2 Ich sehe was, das ist klein, braun und rund.

3 Ich sehe was, was du nicht siehst, das ist rot.

1 _____

2 _____

3 _____

 **5** So bin ich:

So sehe ich aus:

Das kann ich:

Sch sch

1

| schla |
| schrei |
| schwim |
| wa |
| schnei |

fen

schen

ben

den

men

Was ich mache

ich schlafe

_____

_____

_____

_____

2 Reime.

der Tisch
der F_____.

die Flasche
die _____.

der Schal
der W_____.

3

 ○   ○ Schleife

die Schere

 ○   ○ Schere

_____

○   ○ Schraube

_____

 ○   ○ Schwein

_____

Zu den Fibelseiten 60 und 61:
1. Bilden von Verben aus Silben, Ausmalen der Silbenpaare mit der gleichen Farbe, Schreiben der Verben in der ich-Form
2. Schreiben der Reimwörter
3. Verbinden von Bildern und Wörtern, Schreiben der Wörter mit dem bestimmten Artikel

4

Hand ○ ─── ○ Suppe

Fisch ○ ○ Tasche   Handtasche

Schlauch ○ ○ Boot

5

☐ Russland. ☐1 Sascha ☐ aus ☐ kommt

Sascha

☐ schreiben ☐ dort ☐ Kinder ☐ Die ☐ anders.

☐ Sie ☐ Bilder ☐ an. ☐ schauen ☐ sich

6 Schreibe noch mehr Wörter mit Sch oder sch auf:

4. Bilden von zusammengesetzten Substantiven durch Verbinden, Schreiben der Wörter
5. Sortieren der Wörter zu Sätzen, Nummerieren, Schreiben der Sätze
6. Schreiben von Wörtern mit *Sch* oder *sch* mit der Lauttabelle

1

Fest	Schule	Supermarkt	Weltkarte
Wiese	Kartoffel	Schrift	Riese

⌣	⌣ ⌣	⌣ ⌣ ⌣
Fest		

2

der – die – das

der Schlauch

3

Lies in der Fibel
auf den Seiten 41 bis 60 nach.

Ist Hannes auf der Matte? ☐ ☐

Fahren Lina und Tim Slalom? ☐ ☐

Sehen Ina und Nina ein Fohlen? ☐ ☐

Kommt Sascha aus Schweden? ☐ ☐

1. Abschreiben der vorgegebenen Wörter, Eintragen nach Silben in die Tabelle
2. Schreiben der Wörter mit den bestimmten Artikeln
3. Beantworten der Fragen durch Ankreuzen mit *richtig* oder *falsch*

4

- ⚀ Der Hund hat
- ⚁ Opa und Amon sehen
- ⚂ Unsere Lehrerin holt
- ⚃ Nina und Ina falten
- ⚄ Mama und Ina kaufen
- ⚅ Ich esse am liebsten

- ⚀ einen Welpen.
- ⚁ einen Riesen.
- ⚂ eine Weltkarte.
- ⚃ eine rote Tulpe.
- ⚄ Mimis Futter.
- ⚅ Mamas Kuchen.

5

Wo kann man einkaufen?

Wie nennt man ein Haus auf einem Baum?

Womit kann man fahren?

4. Würfeln und Schreiben von Quatschsätzen
5. Beantworten der Fragen

Ö ö

1

 Lowe   Liwe   Löwe   Lawe   _____

 Flate   Flöte   Flite   Flute   _____

 Luffel   Laffel   Leffel   Löffel   _____

 Al   Ul   Öl   El   _____

2

Aus o wird ö

 der Frosch      die Frösche

 der Ofen      _____

 der Korb      _____

der Koch   _____

3

 ölen –   das Öl

 föhnen –   _____

löffeln –   _____

flöten –   _____

Zu den Fibelseiten 64 und 65:
1. Einkreisen der richtigen Wörter, Schreiben der Wörter
2. Bilden der Mehrzahl
3. Schreiben der Substantive

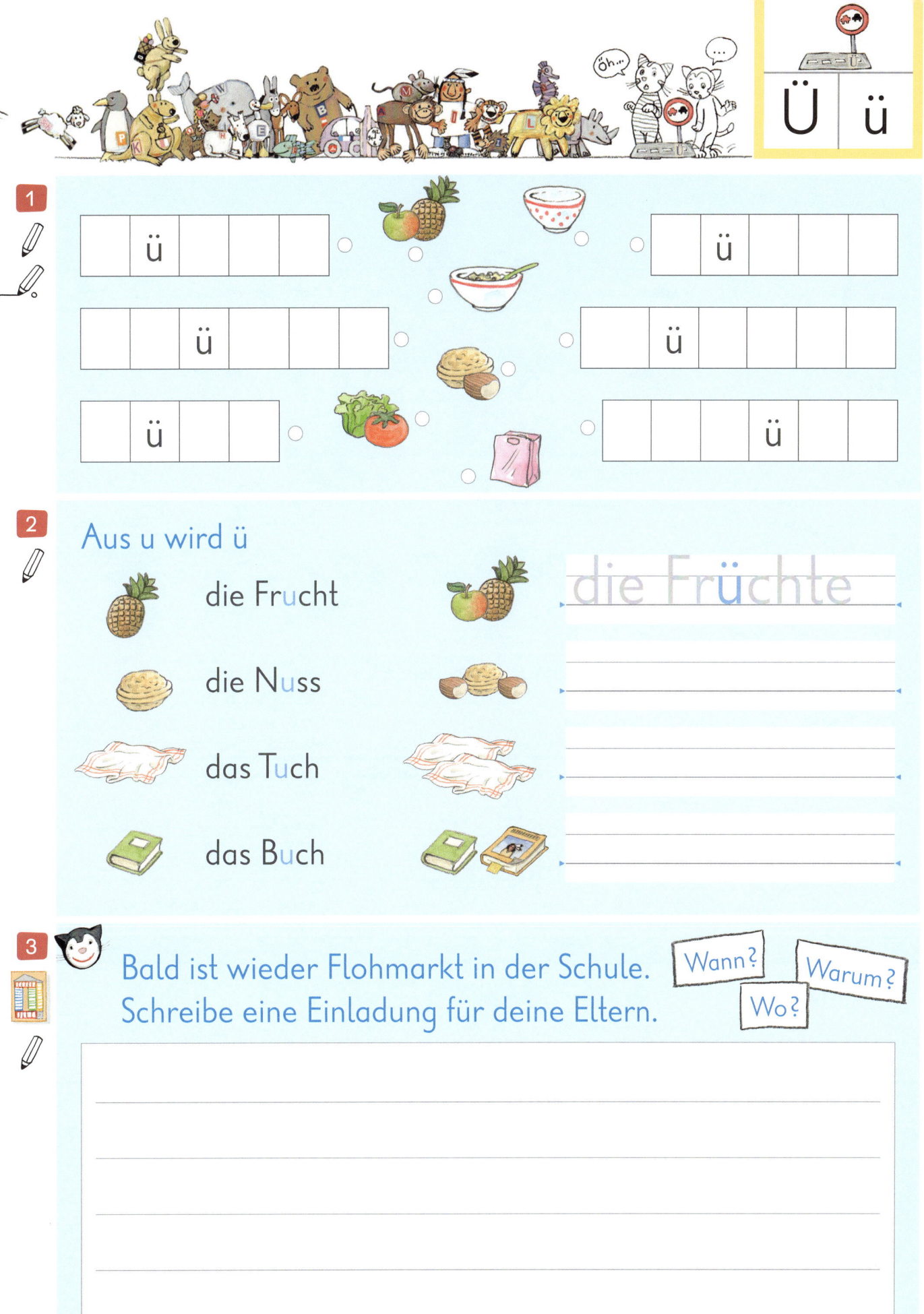

1

		ü		

	ü			

	ü			

		ü		

	ü			

			ü	

2 Aus u wird ü

die Frucht | die Früchte

die Nuss

das Tuch

das Buch

3 Bald ist wieder Flohmarkt in der Schule.
Schreibe eine Einladung für deine Eltern.

Wann? Warum? Wo?

Zu den Fibelseiten 66 und 67:
1. Ergänzen der Wörter, Verbinden der Wörter mit den richtigen Bildern
2. Bilden der Mehrzahl
3. Lesen der Fibelseite 67, Schreiben einer Einladung mit der Lauttabelle

59

G g

1 G – K?

 ○ ○ G

 ○ ○ G

 ○ ○ G

 ○ ○ G

 ○ ○ K

 ○ ○ K

 ○ ○ K

 ○ ○ K

2

 Guge　Goge　(Geige)　Gage　_die Geige_

 Sugel　Segel　Sogel　Sagel　_____

 Gons　Gins　Guns　Gans　_____

 Tiger　Tager　Tuger　Toger　_____

3

 Reime.

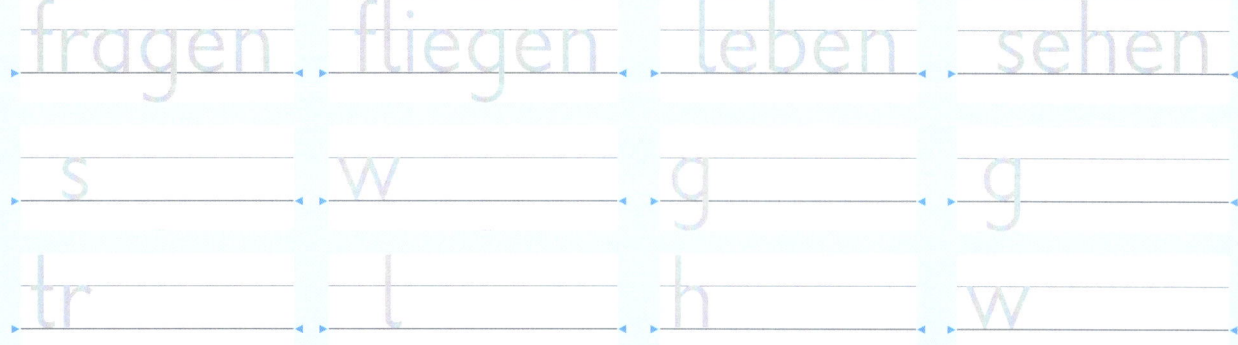

fragen　fliegen　leben　sehen

s_____　w_____　g_____　g_____

tr_____　l_____　h_____　w_____

Zu den Fibelseiten 68 und 69:
1. Heraushören ähnlicher Laute, Verbinden der Bilder mit dem richtigen Buchstaben
2. Einkreisen der richtigen Wörter, Schreiben der Wörter mit den bestimmten Artikeln
3. Ergänzen der Reimwörter

4

G					

G		

G			

		g		

		g	

G			

5 Was ist das?

Für das Instrument braucht man einen Bogen.

Es ist die _____ .

Damit kann ein Boot segeln. Es ist _____ .

Damit kann man essen. Es ist _____ .

6 Schreibe ein Rätsel. Male.

_____

_____

_____

_____

Es ist _____

4. Ergänzen der Wörter, Verbinden der Wörter mit den richtigen Bildern
5. Schreiben der Rätsellösungen mit den bestimmten Artikeln
6. Schreiben eines eigenen Rätsels, dazu Malen

1

klein – groß   kalt – _____

sauer – s_____   faul – _____

2

e – er – es

weiß   groß

eine weiße Maus   eine _____ Tafel

ein _____ Mantel   ein _____ Garten

ein _____ Kleid   ein _____ Haus

3

Ist die Kreide schwarz? Die Kreide ist _____.

Ist der Riese klein? _____.

Ist die Torte sauer? _____.

Ist der Tee kalt? _____.

Zu den Fibelseiten 70 und 71:
1. Bilden von Gegensatzpaaren
2. Beugen der Adjektive, Schreiben der Adjektive mit den richtigen Endungen
3. Beantworten der Fragen

V v

1

v wie f

Vater

_____

_____

_____

_____

Vater
Vase
Vulkan
Vogel
~~Vitamine~~
Vampir
Verkehr
Verein

v wie w

Vitamine

_____

_____

_____

2

Va se

Vul

Vo

Veil

Va

die Vase

_____

_____

_____

_____

3

Vogel-Wörter

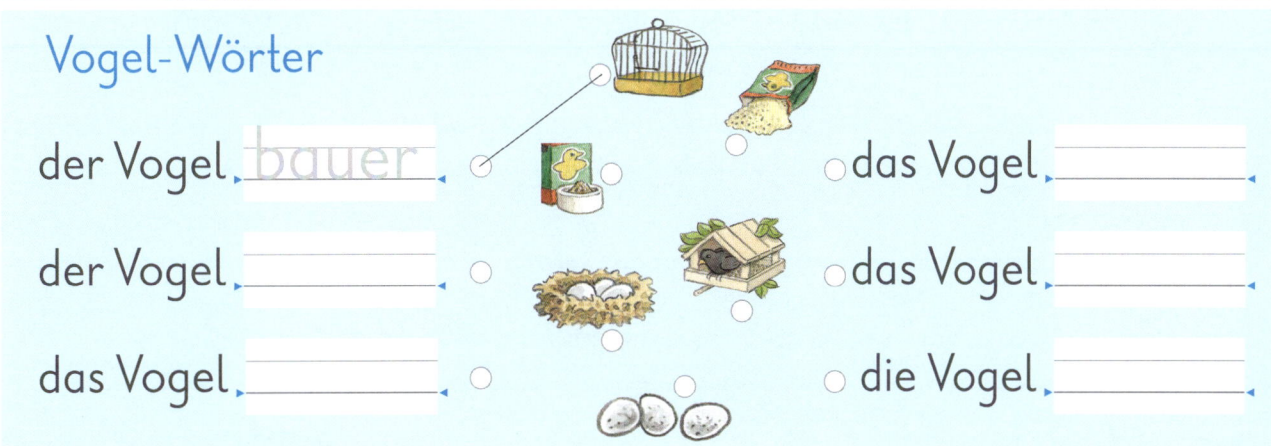

der Vogel bauer

der Vogel _____

das Vogel _____

das Vogel _____

das Vogel _____

die Vogel _____

Zu den Fibelseiten 72 und 73:
1. Einordnen der Wörter nach Aussprache des v-Lautes
2. Ergänzen der Endsilben, Schreiben der Wörter mit den bestimmten Artikeln
3. Vervollständigen der zusammengesetzten Substantive, Verbinden der Wörter mit den richtigen Bildern

63

4

V			

V			

V				

			v		

V				

5

tauschen — _vertauschen_

ver- < gessen

lieren

bieten

6 Schau dir Vampis Tagesplan in der Fibel auf Seite 73 an. Was hat Vampi vertauscht?

4. Ergänzen der Wörter, Verbinden der Wörter mit den richtigen Bildern
5. Schreiben der Verben mit der Vorsilbe *ver-*
6. Lesen der Fibelseite 73, Beantworten der Frage mit der Lauttabelle

Eu | eu

die Eule   die Leute   scheu

die B   die B   n

2

T	L	O	T	K	A	D	I	F	S	O
G	E	M	A	N	H	F	L	D	C	K
A	U	W	E	U	L	E	M	R	H	A
N	T	M	S	L	N	U	A	H	E	T
B	E	O	L	E	G	E	S	I	U	R
I	H	K	O	A	F	R	E	U	N	D
L	U	T	E	R	I	A	G	M	E	F

3

Die kleine Ente und die Eule

Die kleine Ente suchte eine Freundin.
Da sah sie im Baum eine Eule.
Die Ente rief laut: „Hallo, Eule!
Willst du meine Freundin sein?"

Zu den Fibelseiten 74 und 75:
1. Schreiben der Reimwörter
2. Einkreisen der versteckten Wörter
3. Weiterschreiben des Textes mit der Lauttabelle

Z z

1 Reime.

der Hahn   der Berg   die Wiege

der Z _____   der Zw _____   die Z _____

die Welt   der Geiger   der Teig

das Z _____   der Z _____   der Zw _____

2 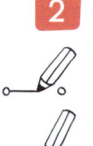 Was gehört zusammen?

	Was machen wir?	Was macht er?
zei ○ ○ ten	wir	er
zau ○ ○ gen	wir	er
zel ○ ○ len	wir	er
zie ○ ○ bern	wir	er

3 zu – zum – zur

Ich gehe _____ Schule.

Ich gehe _____ Arzt.

Ich gehe _____ meinen Freunden.

Zu den Fibelseiten 76 und 77:
1. Schreiben der Reimwörter
2. Verbinden der Silben zu Verben, Schreiben der gebeugten Verben
3. Ergänzen der Sätze mit zu, zum, zur, Nachspuren der Sätze

4

Zirkus ○ — ○ Bürste

_____

Uhr ○ — ○ Zwiebel

_____

Blumen ○ — ○ Zelt

Zirkuszelt

Zahn ○ — ○ Zeiger

_____

5 Was ist es?

Die Frucht ist sauer.

Es ist eine

Das Fell des Tieres ist
schwarz und weiß.

_____

Man kann darin
schlafen.

_____

6 Der Zauberer hat einen
schwarzen Hut auf.
Sein Zaubermantel ist blau.
In einer Hand hält der Zauberer
eine gelbe Kerze.
Nun zaubert er zehn rote Herzen.
Zum Schluss zaubert er noch
zwölf Zitronen in die Schale.
Welchen Zaubervers sagt
der Zauberer?

4. Bilden von zusammengesetzten Substantiven durch Verbinden, Schreiben der Wörter
5. Schreiben der Rätsellösungen
6. Malen zum Text, Schreiben eines Zauberverses mit der Lauttabelle ins Heft

67

J j

1

ja	ju	jo
beln	deln	gen

jam	jau	jap
sen	mern	len

wir jagen

wir

2

Antworte mit ja oder nein.

Das Jahr hat 11 Monate. _____

Zu jeder Jahreszeit gehören 4 Monate. _____

Im Dezember feiern wir Silvester. _____

Sommerferien sind im Winter. _____

3

Schreibe alle Monate auf. Nutze die Fibelseite 79.

1 _____   5 _____   9 _____

2 _____   6 _____   10 _____

3 _____   7 _____   11 _____

4 _____   8 _____   12 _____

Zu den Fibelseiten 78 und 79:
1. Verbinden der Silben zu Verben, Ausmalen der Silbenpaare in der gleichen Farbe, Schreiben der Verben
2. Beantworten der Sätze mit *ja* oder *nein*
3. Schreiben der Wörter mit der Lauttabelle

tz

1

eine Katze eine ~~Mütze~~ eine Tatze ein Vogel

eine Mütze

2

sitzen

ich sitze
er sitzt
wir sitzen

putzen

ich _____
er _____
wir _____

schwatzen

ich _____
er _____
wir _____

3

Die vergessliche Zahnfee

Es ist Mitternacht.
Plötzlich wacht Nina auf.
Sie hört ein Kratzen …

die Zahnfee
ein Schatz • ein Traum
• eine Katze

Schreibe die Geschichte in dein Heft.

Zu den Fibelseiten 80 und 81:
1. Beschriften des Bildes mit den passenden Wörtern
2. Schreiben der gebeugten Verben
3. Weiterschreiben der Geschichte im Heft

Ä ä

1

Einzahl

Mehrzahl

 ein Ball  viele Bälle

 ein Zahn _____

 ein Ast  _____

ein Ast _____

 eine Gans  _____

 ein Band  _____

2

ä, ö oder ü ?

Wenn man

nach dem Z ä hneputzen

abends noch was S   ßes isst,

hat das Putzen wenig Nutzen,

weil das S   ße L   cher frisst.

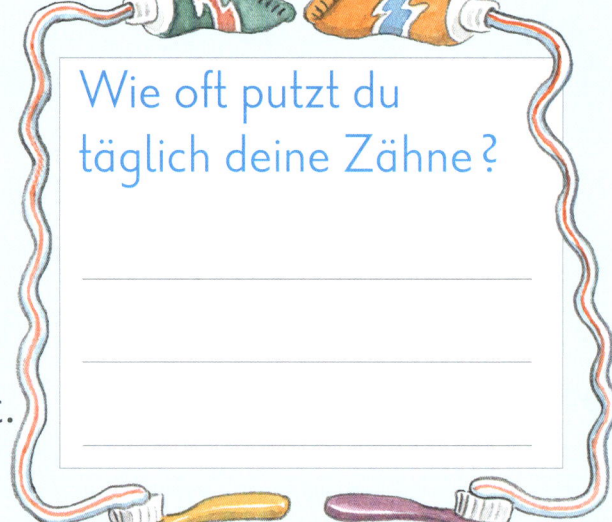

Wie oft putzt du
täglich deine Zähne?

_____

_____

3

Was ist für deine Zähne schädlich und was ist gut?

_____

_____

_____

Zu den Fibelseiten 82 und 83:
1. Bilden der Mehrzahl
2. Ergänzen der Wörter mit den Buchstaben *ä, ö und ü*, Beantworten der Frage
3. Beantworten der Frage mit der Lauttabelle

1 Reime.

bringen	ringen	die Zunge
kl_____	s_____	die L_____
zw_____	spr_____	der J_____

2

bringen		singen		fangen	
ich	_____	ich	_____	ich	_____
er	_____	er	_____	er	_____
wir	_____	wir	_____	wir	_____

3

☐ hoch ☐ kann ☐1 Tim ☐ springen.

_____ .

☐ Nele ☐ einen ☐ angelt ☐ Fisch.

_____ .

☐ Kinder ☐ Lied. ☐ Die ☐ ein ☐ singen

_____ .

Zu den Fibelseiten 84 und 85:
1. Ergänzen der Reimwörter
2. Schreiben der gebeugten Verben
3. Sortieren der Wörter zu Sätzen, Nummerieren, Schreiben der Sätze

71

4

| bringt | ~~angelt~~ | hängt | singen |

Der Angler _angelt_ große Fische.

Der Postbote _____ ein Paket.

Wir _____ lustige Lieder.

Mama _____ die Wäsche auf.

5 Löse die Rätsel.

Es ist rund und
passt auf den Finger.

Es ist der _R_____._

Es findet sich
im Wort Bengel.

Es ist ein _____.

Damit holt man Fische
aus dem Wasser.

Es ist eine _____.

Sie ist rot und im Mund.
Man braucht sie zum Reden.

Es ist die _____.

6

Schreibe einen lustigen Witz oder ein Rätsel auf.

_____

_____

_____

4. Ergänzen der Sätze
5. Schreiben der Rätsellösungen
6. Schreiben eines Witzes oder Rätsels, ggf. mit der Lauttabelle

ck

1

Brü

Lü

Flo

Lo

cke

die Brücke ○   ○

_____ ○   ○

_____ ○   ○

_____ ○   ○

2 Reime.

die Decke   der Rock   die Flocke

die H_____   der B_____   die G_____

3

 der Bäcker — backen

 der Wecker — _____

 die Hocke — _____

 der Schluck — _____

 das Päckchen — _____

Zu den Fibelseiten 86 und 87:
1. Verbinden der Silben zu Wörtern, Schreiben der Wörter, Verbinden der Wörter mit den richtigen Bildern
2. Ergänzen der Reime
3. Schreiben der Verben zu den entsprechenden Substantiven

4

In Schnecke ist die Ecke .

In Glocke ist die _____ .

In Dreck ist das _____ .

In Brücken ist der _____ .

5

Das Eis schmeckt lecker. ☐ ☐

Der Bäcker bäckt Wurst. ☐ ☐

Der Wecker klingelt laut. ☐ ☐

Die Schnecke kriecht schnell. ☐ ☐

6 Was macht dich glücklich?
Schreibe und male.

4. Erkennen weiterer Wörter, Schreiben der Wörter, Verbinden der Wörter mit den richtigen Bildern
5. Ankreuzen der Aussagesätze
6. Beantworten der Frage mit der Lauttabelle, Malen

1

Aus au wird äu

Einzahl	Mehrzahl	
 die Braut	die Br äu te	
 der Baum	die B me	
 die Maus	die M se	
 die Laus	die L se	
 der Zaun	die Z ne	

2

der Traum – *träumen*

der Raum –

der Schaum –

3

Die drei Schweinchen träumen

Zwei Häuschen sind kaputt.

Der Wolf entschuldigt sich.

Alle räumen auf.

Dann läuft der Wolf traurig davon.

Ein Schweinchen ruft:

Zu den Fibelseiten 88 und 89:
1. Ergänzen der Wörter in Mehrzahl, Verbinden der Wörter mit den richtigen Bildern
2. Schreiben der Verben, Verbinden der Verben mit den richtigen Bildern
3. Weiterschreiben der Geschichte mit der Lauttabelle

75

St st

1

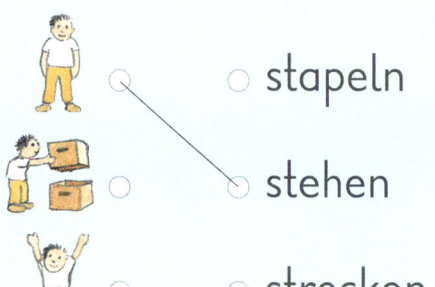

- ○ stapeln
- ○ stehen
- ○ strecken

 ○ ○ steigen

 ○ ○ streiten

 ○ ○ stolpern

2

streiten	stehen	steigen
ich _____	ich _____	ich _____
du _____	du _____	du _____
er _____	er _____	er _____
wir _____	wir _____	wir _____

3

1 der Strohhalm

2 _____

3 _____

4 _____

5 _____

6 _____

7 _____

Zu den Fibelseiten 90 und 91:
1. Verbinden der Bilder mit den richtigen Wörtern
2. Schreiben der gebeugten Verben
3. Beschriften des Bildes

4 Nummeriere die Arbeitsschritte. Schreibe sie sortiert ab.

1

2

3

4

☐ Klebe einen Stab an deine Figur.

☐ Schneide die Figur dann aus.

1 Male deine Figur mit Buntstiften an.

☐ Fertig, die Vorstellung kann beginnen.

5 Was brauchst du für ein Kartontheater?
Lies in der Fibel auf Seite 91 nach. Schreibe auf.

1

ge	wün	stel
schen	len	hen

zau	hö	schrei
ben	bern	ren

2

ein Tisch – viele _____

eine Katze – viele _____

eine Taube – viele _____

ein Kind – viele _____

ein Hut – drei _____

ein Vogel – fünf _____

ein Baum – zwei _____

ein Glas – zehn _____

3

Tisch	○	○	Nest
Zirkus	○	○	Decke
Vogel	○	○	Zaun
Garten	○	○	Zelt

_____

_____

_____

_____

Zu den Fibelseiten 92 und 93:
1. Bilden von Verben aus Silben, Ausmalen der Silbenpaare in der gleichen Farbe, Schreiben der Verben
2. Bilden der Mehrzahl
3. Bilden von zusammengesetzten Substantiven durch Verbinden, Schreiben der Wörter

4 Schreibe die Wörter zu den Bildern.

Hannes und Amon gehen auf die Wiese hinter der  ____Schule____ .

Dort steht ein großer  _____ .

Im _____ hängt eine bunte _____ .

Eine kleine _____ hat darin

ihr _____ gebaut.

5 Male ein Bild.

Die Sonne scheint.
Auf der Wiese blühen
fünf bunte Blumen – eine gelbe,
eine blaue und drei rote.
Hinten sind zwei große Bäume.
Ein Vogel hat in einem Baum ein Nest gebaut.

6 Schreibe eine kleine Geschichte.

_____

_____

_____

_____

_____

_____

4. Ergänzen der Sätze
5. Malen zum Text
6. Freies Schreiben zum Bild mit der Lauttabelle

Sp | sp

1

 ○ — ○ spielen

 ○ — ○ speisen

 ○ — ○ springen

 ○ — ○ spuken

 ○ — ○ spülen

 ○ — ○ spazieren

2

| Spiegel | Spinne | Spiel | Spritze | Sport | Sparschwein |

der	die	das

3

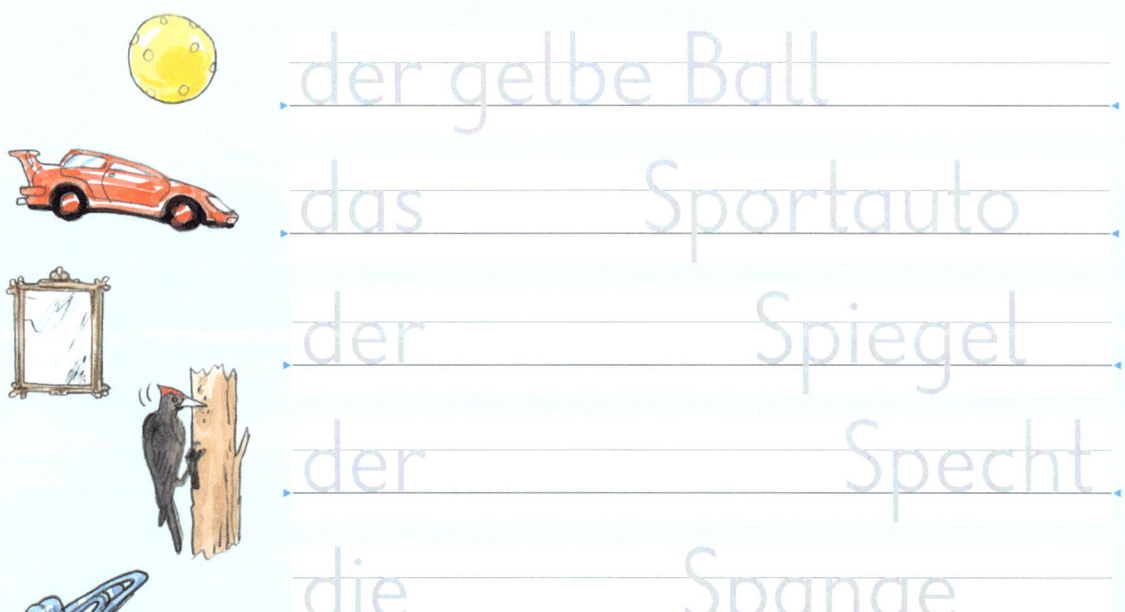

der gelbe Ball

das   Sportauto

der   Spiegel

der   Specht

die   Spange

Zu den Fibelseiten 94 und 95:
1. Verbinden der Bilder mit den richtigen Wörtern
2. Eintragen der Wörter in die Tabelle nach ihrem Artikel
3. Ergänzen der Wortgruppen mit passenden Adjektiven (Farben)

4

spielen	springen	spülen
ich _____	ich _____	ich _____
du _____	du _____	du _____
er _____	er _____	er _____

5

Fußball spielen ____ Ich spiele Fußball.

Seil springen ____

Geschirr spülen ____

6

Was spielen
die Kinder?

Mia spielt mit _____

_____

_____

4. Schreiben der gebeugten Verben
5. Schreiben von kurzen Ich-Sätzen
6. Beantworten der Frage mit der Lauttabelle

81

nk

1 Reime.

schenken	blinken	Anke
denken	hinken	Pranke
l	s	R
s	w	Schr

2 Setze ein.

trinken    winken    lenken

ich	ich	ich
er	er	er
wir	wir	wir

3 -e, -er, -es

krank		flink	
eine	Omi	eine	Maus
ein	Junge	ein	Fisch
ein	Mädchen	eine	Katze

Zu den Fibelseiten 96 und 97:
1. Ergänzen der Reimwörter
2. Schreiben der gebeugten Verben
3. Einsetzen der Adjektive mit den richtigen Endungen

4

   ○   ○ schminken      ○   ○ denken

   ○   ○ winken   ○   ○ blinken

   ○   ○ trinken      ○   ○ lenken

5

| Bank | linker | winken | ~~spielen~~ | trinkt | Krankenhaus |

Die Kinder ⌐spielen⌐ auf dem Schulhof.

Amon fällt hin. Sein ⌐_____⌐ Arm tut ihm sehr weh.

Amon setzt sich auf eine ⌐_____⌐ . Amon ⌐_____⌐ etwas.

Die Lehrerin ruft seine Eltern an.

Amon muss ins ⌐_____⌐ .

Die Kinder ⌐_____⌐ .

6

Lies in der Fibel auf Seite 97 nach.
Was können die Kinder auf dem Schulhoffest machen?

_____

_____

_____

_____

4. Verbinden der Bilder mit den richtigen Wörtern
5. Ergänzen der Sätze
6. Lesen der Fibelseite 97, Beantworten der Frage

83

Pf | pf

1

 ○ — ○ der Topf

 ○ — ○ der Kopf

 ○ — ○ die Pfote

 ○ — ○ die Pflaume

 ○ — ○ das Pferd

 ○ — ○ die Pflanze

2 Reime.

Topf	Wipfel	hüpfen
Kn	G	kn
Z	Z	schl

3

pflanzen

ich ___

du ___

wir ___

pfeifen

ich ___

du ___

wir ___

Zu den Fibelseiten 98 und 99:
1. Verbinden der Bilder mit den richtigen Wörtern
2. Ergänzen der Reimwörter
3. Bilden von Verben aus Silben, Ausmalen der Silbenpaare in der gleichen Farbe,
   Schreiben der Verben in der Infinitivform, Schreiben der gebeugten Verben

4 Setze zusammen.

Apfel	Mantel	Koch	Pferde

Stall	Topf	Baum	Knopf

5 Ergänze.

Pfirsich	tropfen	Pflanze	Pferd	pfeifen

Ein _____ schmeckt süß.

Eine _____ muss man gießen.

Auf einem _____ kann man reiten.

Der Wasserhahn kann _____ .

Mit einer Pfeife kann man _____ .

6

links

Links steht ein Blumen-
topf mit einer Pflanze.
Rechts liegen ein Pfirsich,
eine Pflaume und drei
Äpfel.

rechts

4. Verbinden der Substantive zu Wörtern, Schreiben der zusammengesetzten Substantive
5. Ergänzen der Sätze
6. Malen zu den Sätzen, Beachten von *links* und *rechts*

85

Qu qu

1

 ○   ○ Quark

 ○   ○ Qualle

 ○   ○ Quadrat

 ○   ○ Quartett

○   ○ Kaulquappe

 ○   ○ Quirl

2 Finde die Wörter.

Qualle		E	R	Q	U	A	L	L	E	P	T
Quadrat		Q	U	A	D	R	A	T	G	B	E
Quelle		M	T	E	Q	U	E	L	L	E	W
Quark		H	D	R	U	W	B	N	M	K	F
Querflöte		W	T	I	A	U	Ü	K	J	H	R
Qualm		G	Ä	G	L	W	Q	U	A	R	K
		N	U	W	M	D	C	S	W	G	I
		Q	U	E	R	F	L	Ö	T	E	S

3

quakt	quieken	überqueren	qualmt	quietscht

Der Schornstein _____ stark.

Eine Tür _____ laut.

Der Frosch _____ am Teich.

Die Schweine _____ im Stall.

Die Kinder _____ die Straße.

Zu den Fibelseiten 100 und 101:
1. Verbinden der Bilder mit den richtigen Wörtern
2. Einkreisen der versteckten Wörter mit *Qu*
3. Ergänzen der Sätze

4 Was bin ich?

In mir schwimmen Fische.   Ich bin ein **Aquarium** .

Aus mir wird ein Frosch.   Ich bin eine _____ .

Ich werde aus Milch hergestellt. Ich bin der _____ .

Das Meer ist mein Zuhause.   Ich bin eine _____ .

Ich bin ein Kartenspiel.   Ich bin ein _____ .

5 Würfle und lies die Sätze.

⚀ Die Frösche	⚀ quaken im Teich.
⚁ Die Schornsteine	⚁ qualmen auf dem Dach.
⚂ Die Mütter	⚂ quatschen im Hof.
⚃ Die Türen	⚃ quietschen im Haus.
⚄ Die Kinder	⚄ quasseln in der Schule.
⚅ Die Schweine	⚅ quieken im Stall.

Schreibe die Quatsch-Sätze in dein Heft.

6 Erfinde eigene Quatsch-Sätze.

_____

_____

_____

_____

_____

4. Schreiben der Rätsellösungen
5. Würfeln und Lesen der Quatschsätze, Schreiben der Quatschsätze ins Heft
6. Schreiben eigener Quatsch-Sätze

87

X x

1

ein Mixer

mixen   _Der Mixer mixt._

ein Boxer

eine Hexe

2 Lies in der Fibel auf Seite 103 nach. Beantworte die Fragen.

Was feiert Trixi?

Wie heißen ihre Hexenfreundinnen?

Was bekommt Trixi geschenkt?

3  Kreuze an. Tipp: Lies in einem Kinderlexikon nach.

Der Name Xylofon kommt aus dem   Japanischen. ☐

Griechischen. ☐

Zu den Fibelseiten 102 und 103:
1. Ergänzen der Verben, Schreiben der Sätze
2. Beantworten der Fragen
3. Nachschlagen des Fremdwortes _Xylofon_, Ankreuzen der richtigen Aussage

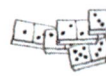

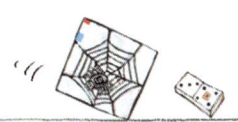

C	c

1

Beschrifte den Arbeitsplatz.

die Creme	der Computer	der Comic	die Cola	der Cent	die CD

2

Lies in der Fibel auf Seite 105 nach.
Beantworte die Fragen.

Was machen Amon, Tim und Romi?

Wer ist am Computer?

Was liest Nele?

Wo ist Mo?

chs

1

ich _____ ich _____

er _____ er _____

wir _____ wir _____

2 Löse die Rätsel.

Wer hat rotes Fell?

Der _____ hat ein rotes Fell.

Woraus besteht eine Kerze?

Die Kerze besteht aus _____ .

Welche Zahl ist auf dem Würfel?

Die _____ ist auf dem Würfel.

3 Lies in der Fibel auf Seite 107 nach.

Warum läuft der Dachs dem Fuchs nach?

Beantworte die Frage in deinem Heft.

Zu den Fibelseiten 106 und 107:
1. Schreiben der gebeugten Verben
2. Ergänzen der Antwortsätze
3. Beantworten der Frage im Heft

Y y

1 Verbinde.

 ○   ○ das Handy    ○   ○ die Pyramide

 ○   ○ der Zylinder    ○   ○ das Baby

 ○   ○ der Teddy    ○   ○ der Yak

2 Löse das Kreuzworträtsel.

[1] Darauf kann man reiten.

   Es ist ein kleines Pferd.

[2] Es ist ein Kuschelbär.

[3] Es sind große Bauten in Ägypten.

[4] Ein ganz kleines Kind nennt man so.

3 Lies in der Fibel auf Seite 108 und 109 nach.

Wer ist Yako?

Wo lebt Yako?

Was macht Yako?

Zu den Fibelseiten 108 und 109:
1. Verbinden der Bilder mit den richtigen Wörtern
2. Lösen des Kreuzworträtsels
3. Beantworten der Fragen

1

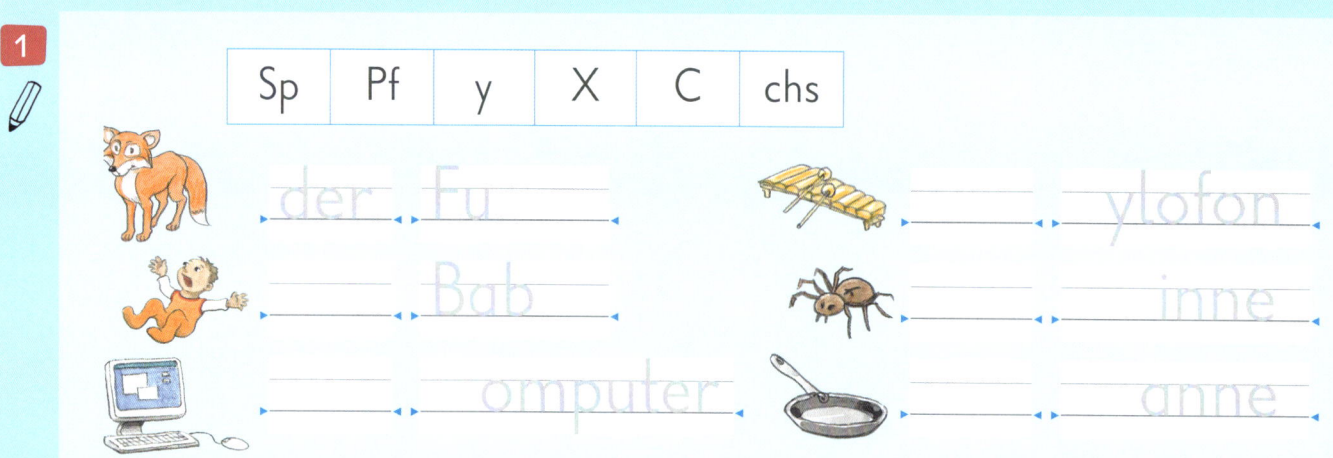

Sp	Pf	y	X	C	chs

der Fu____   ____ylofon

____Bab   ____inne

____omputer   ____anne

2

quaken

ich ____
du ____
er ____
wir ____
ihr ____

denken

ich ____
du ____
er ____
wir ____
ihr ____

hüpfen

ich ____
du ____
er ____
wir ____
ihr ____

3

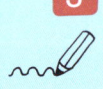

Lies und male.

Die Miezekatze

Punkt, Punkt, Komma, Strich,
fertig ist das Mondgesicht.
Und zwei spitze Ohren,
so wird sie geboren.
Ritze-ratze ritze-ratze,
fertig ist die Miezekatze!

Zu den Fibelseiten 110 und 111:
1. Ergänzen der Wörter, Schreiben der passenden bestimmten Artikel
2. Schreiben der gebeugten Verben
3. Malen zum Text

4 Lies in der Fibel auf den Seiten 94 bis 99 nach.

Kreuze an.

	richtig	falsch
Tim, Amon und Tilo spielen Dosenwerfen.	☐	☐
Amon hat den linken Arm in Gips.	☐	☐
Es gibt Pflanzen, die Fleisch fressen.	☐	☐

5 Lies in der Fibel auf den Seiten 101 bis 109 nach.
Beantworte die Fragen.

Wer rutscht am Teich aus?

_____

Wie heißt die Hexe, die Geburtstag feiert?

_____

Welche beiden Tiere wissen nicht, was Freunde sind?

_____

In welchem Land wohnt Yako?

_____

6 Wie heißt dein Lieblingsbuch?

_____

Schreibe in dein Heft, worum es geht.

4. Ankreuzen der Sätze mit *richtig* und *falsch*
5. Beantworten der Fragen
6. Beantworten der Frage, Schreiben ins Heft, worum es im Lieblingsbuch geht

93